Johann Georg Peucker

Kurze biographische Nachrichten der vornehmsten schlesischen

Gelehrten,

die vor dem achtzehnten Jahrhundert gebohren wurden nebst einer Anzeige ihrer Schriften

Johann Georg Peucker

Kurze biographische Nachrichten der vornehmsten schlesischen Gelehrten,
die vor dem achtzehnten Jahrhundert gebohren wurden nebst einer Anzeige ihrer Schriften

ISBN/EAN: 9783743439269

Hergestellt in Europa, USA, Kanada, Australien, Japan

Cover: Foto ©ninafisch / pixelio.de

Manufactured and distributed by brebook publishing software (www.brebook.com)

Johann Georg Peucker

Kurze biographische Nachrichten der vornehmsten schlesischen

Gelehrten,

Kurze

biographische Nachrichten

der

vornehmsten

schlesischen Gelehrten

die vor dem achtzehnten Jahrhundert
gebohren wurden,

nebst einer Anzeige ihrer Schriften.

[Joh. Gottl. Peuker.]

Grottkau,
im Verlag der Evangelischen Schulanstalt
1788.

Vorrede.

Ich habe bey der Herausgabe dieser Schrift
wenig hinzuzusetzen, sie entstand wie
alle ähnliche Werke durch ein mühsames Zu-
sammentragen, der hin und wieder zerstreu-
ten Fragmente, und ich brauche blos dem
Publikum Rechenschaft von den Quellen zu
geben, aus denen ich schöpfte; diese sind folgende: Melchior Adami vitae Eruditorum;
das allgemeine historische Lexikon; Pet. Bay-
le's dictionnaire historique critique; Christ.
Rungii miscellanea litteraria; Ejusdem Notitia historicorum et historiae gentis Silesiae,

wovon

Vorrede

wovon leider nur der erste Theil zu Breslau 1775. in 8. erschienen ist. Meißneri equites Silesii honoribus academicis fulgentes; Panzke's Pastores der Kirche zu Elisabeth in Breslau; Leubscherus de claris Gryphiis; Pauli Freheri Theatrum virorum eruditione clarorum; C. G. Jöcher's compendiöses Gelehrten Lexikon, aber nur die schlechtere Ausgabe von 1726; die Vorrede von Schikfuß Chronik; von Schlesien vor und nach dem Jahre 1740. I. I. Boissard icones virorum illustrium; Christoph Coler's Leichenrede auf Martin Opiz, Carl Günther Ludovici's Leben des Freyherrn v. Wolf, H. A. Mertens biographische Nachrichten von eben demselben; und verschiedene kleinere Abhandlungen; von vielen würde ich nicht im Stande seyn, genau anzugeben, wem ich gefolget bin; die vaterländische Litterairgeschichte war von jeher mein vorzügliches Lieblingsstudium. Schon in jüngern Jahren sam-

sammelte ich, was ich darüber fand, und ich
habe kein Bedenken getragen, diese ehemali=
gen Manuscripte bey der Ausarbeitung dieser
Schrift zu gebrauchen, da ich von ihrer Aecht=
heit fest überzeugt bin, ob ich gleich aus einer
mir damals verzeihlichen Nachläßigkeit ver=
gaß, die jedesmaligen Quellen anzumerken.
Es wäre mir sehr leicht möglich gewesen, das
Verzeichniß der schlesischen Gelehrten, die vor
dem Anfange des jetzigen Jahrhunderts ge=
bohren wurden, noch ansehnlich zu verstärken,
wenn mir nicht die meisten übrigen zu unbe=
deutend geschienen hätten, um der Vergessen=
heit, die sie verdienen, entrissen zu werden;
die gröste Aufmerksamkeit habe ich theils auf
diejenigen verwandt, die überhaupt in der ge=
lehrten Republik Epoche gemacht haben, theils
auf die, welche sich durch ihre Schriften vor=
züglich um das Vaterland verdient gemacht,
und Gegenstände aus der schlesischen Geschich=
te, Geographie, Diplomatik u. s. w. behan=

* 3 delt

delt haben. Findet das Publikum meine Versuche nicht ganz unnüß, so erscheinet vielleicht nach einiger Zeit ein Anhang mit Supplementen zu der gegenwärtigen Schrift, nebst einem Verzeichniß derjenigen Gelehrten, welche Schlesien im gegenwärtigen achtzehnten Jahrhundert hervorgebracht hat. Geschrieben in Ober-Schlesien den 3ten July 1787.

Biogra-

Biographie

von

schlesischen Gelehrten.

Biographie
von schlesischen Gelehrten.

Hans Aſſmann von Abſchatz, Herr von
Mörbiz, Nieder - Gölſchau, Bürſchdorf,
Petſchkendorf und Leberoſa, gebohren 1646 — beſuchte anfangs das Gymnaſium zu Liegniz, ſtudirte
hierauf zu Leiden und Strasburg, die Rechte,
Geſchichte und Staatswiſſenſchaften, — reiſte
3 Jahr nach Holland, Frankreich und Italien,
wurde bey ſeiner Zurückkunft ins Vaterland Landes-
beſtalter in Liegniz und Deputirter bey den breslauſchen Fürſtentagen, und ſtarb 1699. Er hat
ſich durch verſchiedene Gedichte bekannt gemacht,
die auch zuſammen herausgekommen ſind, und
worunter ſeine Ueberſetzung von Guarini's Paſtor
Fido, unter dem Titel: Deutſch redender treuer
Schäfer, am bekannteſten iſt.

Johann Acoluthus, gebohren zu Creuz-
burg 1628, — Doctor der Theologie, — zuerſt
Prediger in Ramslau, dann Paſtor, Profeſſor und

Inſpector der Schulen zu Breslau, auch Beyſi-
ßer des Conſiſtorii, wo er 1685 ſtarb. — Er hat
geſchrieben: Poſtillam evangelicam, clavem
mundi, ſtellam auream, lucem in tenebris
contra pontificios.

Andreas Acoluthus, des vorigen Sohn,
gebohren 1654 zu Bernſtadt, — einer der größten
Philologen ſeines Zeitalters, der ſich beſonders
mit den orientaliſchen Sprachen beſchäftigte, —
und außer dem hebräiſchen und chäldäiſchen noch
ſyriſch, perſiſch, äthiopiſch, türkiſch, coptiſch
und armeniſch verſtand, — nachdem er zu Wittenberg und Leipzig ſtudirt, und den Magiſter-Grad
angenommen hatte, wurde er Diaconus zu Breslau, und Profeſſor der hebräiſchen Sprache am
eliſabethaniſchen Gymnaſio. Er ſtarb als Mitglied der Königl. Preußſchen Akademie der Wiſſenſchaften 1704, — und hat folgende Schriften
hinterlaſſen: Obadia armenus; Specimen Alco-
rani quadrilinguis, arabici, perſici, turcici,
latini, — de praedicationum inuſitatarum exi-
ſtentia, — de aquis amaris maledictionem in-
ferentibus.

Melchior Adam, zu Anfang des vorigen
Jahrhunderts, — aus Grotkau, — er wurde
in der reformirten Religion erzogen, — ſtudirte
auf Koſten eines ſchleſiſchen Edelmanns Joach.
von Berg, auf dem Gymnaſio zu Brieg, wurde
Rector zu Heidelberg und ſtarb 1622. — Er
hat ſehr viele Verdienſte um die Deutſche Litte-
ralr-Geſchichte. Mit außerordentlichem Fleiß ſam-

melte

melte er alle Deutsche Gelehrte, die von 1500 bis
1618 gelebt haben, — und machte hierauf folgende
Werke bekannt. 1615 das Leben der Philosophen,
Dichter und Geschichtschreiber. 1618 das Leben
20 ausländischer Theologen, 1619 das Leben pro-
testantischer Gottes-Gelehrten, 1620 das Leben
der Jesuiten, Aerzte und Rechts-Gelehrten. —
Zusammen sind sie erschienen Frankfurt am Mayn,
1705 in 1 Band in Folio. — Außerdem hinterließ er noch apographum monumentorum Hei-
delbergensium, — notas in orationem Scalige-
ri pro Cicerone, — parodias et metaphrases Ho-
ratianas. —

M. Georg Aelurius, sonst Katchker genannt, — gebohren zu Frankenstein zu Ende des
16 Jahrhunderts, — nachmaliger Diaconus zu
Glaz. — Sein vorzüglichstes Werk führt den
Titel: Glaciographia. Lips. 1625. 4, — dabey
befindet sich noch eine Genealogia ducum mon-
sterbergensium, stirpis podibradicae. — Außerdem schrieb er noch: Umständliche und Menschen-
mügliche Abbildung des allerliebsten Glaubensar-
tikels von ewigen Leben in richtiger Ordnung zum
deutlichsten beschrieben, und allen Menschen sehr
nützlich und tröstlich zu lesen. Breslau 1626. 4.
In der Dedication theilt er einige Nachrichten von
seinen Verwandten und Vorfahren mit.

Valentin Alberti, gebohren zu Lähn im Fürstenthum Jauer 1635, studirte zu Leipzig, wurde
daselbst Professor der Logik und Metaphysik, dann
Doctor und Professor Theologiae extraordina-

in Schwedische Kriegsdienste, — bey seiner Zurückkunst ernennte ihn der Churfürst von Brandenburg zum Hauptmann, und Burg-Lehns, wie
auch Cammer-Amts-Director in Schwiebus,
wo er 1694 starb. Seine Gedichte und übrigen
kleinen Schriften sind nebst seiner Lebensbeschreibung 1719 zu Breslau herausgekommen.

Johann Gottfried Baro, Doctor der
Rechte, und Advocat in Breslau in der ersten
Hälfte des jezigen Jahrhunderts, hat sich durch
folgende Schriften bekannt gemacht: Museum Silesiacum, sive Bibliographia historicorum Silesiae: monumenta Piastaea, quibus res ducum
Silesiae, Piasti sanguine oriundorum ab aevo im-
primis Saeculi post C. N. XII. ad praeteriti XVII
annum usque LXXXV terminum huic magnae ac
regiae profapiae fatalem vindicantur, et illustran-
tur. Opus tabulis genealogicis et chronologicis
ac infigni apparatu diplomatico inftructum, ima-
ginibus, marmoribus ex figillis Ducum figurisque aliis plurimis aeri incifis adornatum. Lipf.
et Francof. 1726, et 1727. eben dies Werk ist auch
noch unter folgendem Titel erschienen: Monumenta
Silesiae ex serie multorum seculorum ab ipsa gentis origine usque ad nostra tempora selecta, hactenus ut plurimum neglecta et inedita, partim in-
tegra a situ ac fqualore et interitu fuo merito
eruta, partim excerpta, aut ex fragmentis collecta,
edita sparsim, alicubi minus curate nec satis ex-
plicata, melius restituta et animadversionibus
ac notis illustrata. Opus ad vindicandam et fup-

plen-

plendam, magna ex parte, patriae historiam, perutile ac necessarium. Voluminibus duobus concinnatum, figurisque notabilioribus aeri incisis refertum. — — Tabulae Ducum Silesiae post Piastaeos diversarum Familiarum genealogicae et chronologicae, diplomatica et genuina scriptorum coaevorum fide corroboratae. — Plurimarum illustrium ac nobilium Silesiae Familiarum stemmata et origines. — Topographia Silesiae diplomatica, terrarum, oppidorum, castellorum, villarum, montium, fluviorum indicem continens, situmque demonstrans. — Glossarium Silesiacum vocum obsoletarum. Lips. et Francof. 1726 u. 27 Fol. Anastasis Petri Vlast Dunin, vulgo Dani, comitis intra Poloniam Scrinnensis, magni et potentissimi ac summi rerum in Silesia apud Vratislavienses Praefecti, in aula Sarmatiae Monarcharum Boleslai III et Vladislai II ob facta et fata singularia famosissimi, seu vita ejusdem ex genuinis historiae patriae fontibus ac monumentis coaevis, curatius restituta et illustrata. Lips. et Francof. 1726. Fol. Iaxa, Dux Serbiae, Poloniae comes, Dominus de Miechow, cracoviensis ditionis, gente Gryphius, Petri Dunin, vulgo Dani, gener, militia et fortitudine expeditionis in terram sanctam et piis fundationibus in Polonia et Silesia seculo XII clarus, ab oblivione posterum vindicatus et luce historica ex optimis monumentis illustratus. Lips. et Francof. 1726, 27. Fol.

Andre=

Andreas Baudis, gebohren zu Breslau 1557, — er besuchte zuerst die breslauschen Schulen, und hörte Winklern und Peter Vincentium, gieng 1575 nach Wittenberg, besuchte hierauf die vornehmsten übrigen deutschen Akademien, und kam nach einer 9 jährigen gelehrten Wanderung 1583 zurück, und wurde Prediger zu Nicolstadt. 1584 berief ihn der Stadt-Rath von Liegnitz zum Diaconus an die Peter- und Pauls-Kirche daselbst. 1594 gieng er auf den Ruf des Prinz Rosenberg als Prediger nach dem böhmischen Städtchen Cromau, 1599 wurde er von Fürst Joachim Friedrich als Inspektor aller liegnizischen Kirchen, und Pastor bey der Peter- und Pauls-Kirche zurückgerufen und 1614 übertrug ihm Georg Rudolph auch das Inspektorat über das Fürstenthum Wohlau. — Er starb 1615, führte während seines 16 jährigen Inspektorats 222 Prediger ein, — und schrieb verschiedene Predigten, und eine Schrift: de cruce.

Joachim Berger von Berge, gebohren zu Herrndorf 1526. Ohngeachtet eines sehr schwächlichen Körpers, der nur wenig Tage seines Lebens zu versprechen schien, erlangte er dennoch ein hohes Alter. — 1539 gieng er nach Goldberg, und saß zu Trocendorfs Füßen, 1544 bezog er Wittenberg, und studierte die Rechte unter Hieron. Schurff. — Victorin u. Strigelius ertheilten ihm noch Privatunterricht, und Luther war sein vertrauter Freund. 1546 gieng er wegen den damaligen Unruhen zu Wittenberg auf ein Jahr zu seinen

nen

nen Freunden in Schlesien, 1548 sezte er seine
Studien zu Leipzig fort, — besuchte von da aus
den Reichstag zu Augsburg, und kehrte das folgende Jahr wieder nach Wittenberg zurück, verließ es aber 1552, und gieng nach Frankfurt an
der Oder, wo er seinen Freund Schurff wieder
fand. Er that hierauf verschiedene Reisen durch
Deutschland, England, Frankreich, Italien, die
Schweiz, und kam 1558 durch Steyermark, Kärn-
then, Oestreich, Ungarn und Pohlen wieder ins
Vaterland zurück, wurde Capitain der Stadt Glogau, und kayserlicher Rath Ferdinands und Maximilians des zweyten, wurde zu verschiedenen wichtigen Gesandschaften gebraucht, und starb 1602.
Sein Leben ist unter folgendem Titel erschienen:
Memoria bergeriana, h. e. historica biothana-
tographia magnifici et generosi domini Ioachimi
de Bergk in Herrndorf et Claden, tribus impe-
ratoribus olim a consiliis, cum additis in ejusdem obitum epicediis, opera Christoph Georgii de Bergk agnati haeredis concinnata. Glogov. 1609. 4.

George Beier oder Bavarus, aus Löwenberg, — lebte zu Anfang des 17 Jahrhunderts,
und war zuerst Prediger zu Sikerwiz bey Löwenberg, hernach zu Berthelsdorf ohnweit Lauban, —
übrigens ein empfehlungswürdiger Ascete, wie
man aus folgender Anzeige seiner Schriften sehen
kann: Geistliche Schlafhaube, mit tröstlichen
Sprüchen heiliger Schrift zusammengenähet. —
Erklärung des Liedes: Gott der Vater wohn uns

A 5

ben, besgleichen: Nun bitten wir den heiligen Geiſt.

Martin Borck, Doctor der Medicin zu
Breslau in der letzten Hälfte des 16 Jahrhunderts, und Verfaſſer einer Geſchichte von Böhmen, die von Zech a. 6 9 anfängt, und bis Rudolph den zweyte ao. 1577 geht, und zu Wittenberg
1587 in 2 Folio-Bänden gedruckt worden iſt.

Johann Brachmann, gebohren zu Liegniz
1571, wo ſein Vater Schönfärber war, — ſollte
anfangs deſſelben Handwerk wählen, ſetzte aber
ſeinen Entſchluß, ſich den Wiſſenſchaften zu wid-
men, durch, — ſtudierte zu Leipzig und Wittenberg, und legte ſich vorzüglich auf Philoſophie
und Medicin. Nachher errichtete er eine evan-
geliſche Schule in dem böhmiſchen Städtchen Cromau, die aber bald geſchloſſen wurde, — bekam
hernach das Rectorat in Frauſtädt, und alsdann
in Jauer, aber auch hier erfuhr er das vorige
Schickſaal, und mußte ins Exil wandern. — Er
ſtarb endlich 1631 als Inſpector der Frauſtädtſchen
Schule. Seine Schriften ſind folgende: de par-
vulorum ante baptiſmum extinctorum ſtatu;
apologia, — de dilectionis immortalitate; adum-
bratio dilectionis in gratiae templo; de matu-
tini temporis utilitate; de trito Terentii verbo,
quod capita, tot ſententiae; — de quaeſtione,
an cruentae pluviarum guttae inanes; tabula
generalis in Ciceronis libros III de Oratore.

Johann Braſiator, auch von ſeiner Vaterſtadt Frankenſteinius genannt, war 1410 der
erſte creirte Doctor auf der neuen Univerſität Leipzig,

zig, trat in den Orden der Prediger Mönche, wurde
in Breslau Vicarius und Reformator des Klosters St. Adalberti, und starb 1466 als päbstli-
cher Inquisitor der Kezer im breslauischen District,
und Prior Provincialis Poloniae. Seine Schriften sind: sermones magisteriales, sermones ad
Clerum; sermones in evangelia dominicalia et
festivalia de Sanctis per totum annum; de erroribus haereticorum; Tractatus de inquisitionis
officio; de miseratione Christi; Commentarius
in Petri Lombardi sententiarum IV libros. Commentarius in Mosis Pentateuchum.

**Ferdinand Ludwig von Bresler und
Aschaffenburg**, gebohren zu Breslau 1681, wo
sein Vater Rathmann war, — gieng 1699 nach
Halle, studierte hier unter Sam. Stryk und
Christ. Thomasius die Recht, hörte die Physik bey
D. Hofmann, Moral, Politik, Historie und Genealogie aber bey Buddäo, dem er auch Beyträge zu seinem historischen Lexicon liefert; reiste
hierauf durch Holland, England, und Deutschland, und erhielt bey seiner Zurückkunft in Breslau seines Vaters Stelle. 1709 wurde ihm die
Aufficht über die Accise übertragen, 1715 wurde
er Unterkämmerer, 1717 kayserlicher, und Com-
merzien-Rath. Er hat Antheil an den neuen Ausgaben von Adlreiters annalibus boicis, am grof-
fen atlas historique, an des Grafen von Kheven-
hüller Annalibus Ferdinandeis, übersetzte Hübners
geographische Tabellen ins französische, und verfertigte eine Geschichte von dem Gräfl. von Schaf-
got-

gotſchen Geſchlecht; fieng auch ein Werk über die
vornehmſten böhmiſchen, mähriſchen und ſchleſiſchen
Schriftſteller an, welches den Titel führt: rerum
bohemicarum, moravicarum et ſileſiacarum ſcri-
ptores praecipui, quibus hiſtoria ab origine gentis usque ad imperium auguſtiſſimi atque invi-
ctiſſimi Caroli VI imperatoris, Germaniae, Hiſpa-
niae, Hungariae, Bohemiae, Regis potentiſ-
ſimi, illuſtratur, ſub auſpiciis excellentiſſimi et
illuſtriſſimi ſupremi regni Bohemiae Cancellarii,
Leopoldi Ioſephi Schikii, S. R. I. Comitis de
Paſſau et Weiskirchen, in unum corpus collecti,
et cum intruductione chronologica, genealogica
et geographica, nec non additionibus neceſſariis,
et indicibus locupletiſſimis in V Tomis additi.
Fol. majori, allein der Tod übereilte ihn 1722,
ehe es zur Reiſe kam; Eben dies gilt auch von
ſeinen delices de la Sileſie, -- mit Kupfern, worinn er alle Gegenden, Städte, Schlöſſer, Berge,
Gärten, Thiere Pflanzen, Steine, Trachten und
andre Merkwürdigkeiten von Schleſien beſchreiben
wollte.

Gottfried Bukiſch, gebohren zu Breslau,
zuerſt Stadtſchreiber in Strehlen, -- trat hierauf
zur Römiſchen Kirche über, und wurde Secretair
bey der Regierung in Brieg, -- bald darauf kayſerlicher Hiſtoriograph zu Wien, 1691 Ritter von
Bukiſch und Löwenfels, kayſerlicher Rath und
Aſſeſſor des Oberburggrafen-Amts zu Prag, fiel
aber hernach in Ungnade, verließ Wien, und ſtarb
nach vielem Herumirren 1697 zu Cölln. Schriften:

ten: obfervationum theoretico - practicarum ad
jus Statuarium vratislavienfe, quibus in demon-
ftratur, in quantum illud tum juri civili tum
Saxonico, eique tum communi, tum electorali
accedat, quantum recedat. Pars prior, fub-
junctis plerisque in locis praejudiciis ex ipfo do-
minorum fcabinorum Vratislavienfium codice
collectis, fumtibus auctoris 1669. 4, ein äußerſt
ſeltenes Werk. Obfervationes hiftorico - poli-
ticae in inftrumentum pacis Osnabrugo - Weſt-
phalicum. Viennae 1696, und nachher wieder
aufgelegt Frankfurt 1722. 4. man findet darinn
verſchiedene wichtige Aufſchlüſſe über die ſchleſiſche
Kirchen-Geſchichte; oft verleitet ihn indeſſen ſein
Eifer für die Römiſche Kirche zu Ungerechtigkeiten gegen ſeine proteſtantiſchen Landsleute. Pfan-
ner ſchrieb deshalb eine gelehrte Epiſtel an ihn,
die zu Jena 1697. 4. heraus kam, jetzt aber unter
die litterariſchen Seltenheiten gehört, -- differta-
tio juris publici de regis romanorum tum ele-
ctione, tum coronatione, fubjuncto difcurfu ju-
ridico - politico de fontibus juris publici, Pragae
1689. 4, dieſe kleine Schrift iſt deswegen merkwürdig, weil er darin zu beweiſen ſucht, daß
Schleſien in dem Religions-Frieden von 1555
nicht mit begriffen geweſen wäre, -- und zwar deswegen, weil die ſchleſiſchen Fürſten und Stände
ſonſt nicht den Majeſtäts-Brief Rudolphs des
zweyten von 1609 nöthig gehabt hätten, den ſie
mit ſo vieler Mühe erſt erlangten. Hiftoria genealogica Palatino - Neoburgico - Bavarica. -- Er
hat

hat auch noch 7 Folianten Religions-Akten im MS. hinterlaſſen.

Gottfried Heinrich Burghardt, D. Med. und erſter Profeſſor am Gymnaſio zu Brieg in der erſten Hälfte des jetzigen Jahrhunderts. Er hat geſchrieben: iter ſabothicum, d. h. ausführliche Beſchreibung der auf den Zobtenberg gethanen Reiſen, wodurch ſo wohl die natürliche als hiſtoriſche Beſchaffenheit dieſes in Schleſien ſo bekannten und berühmten Berges der Welt vor Augen gelegt wird. Breslau und Leipzig 1736. 8. Abhandlung: warum ſich die Herzoge von Schweidnitz und Jauer Herrn von Fürſtenberg genannt haben, -- ſie ſteht in den Breslauer Anzeigen vom Jahr 1743. num. 12 u. 13.

Wilkor Theodorich von Burgsdorff. I. V. D. Profeſſor der Rechte zu Leipzig, auch 1439 Rector der Akademie, wurde 1463 Biſchof zu Naumburg, und ſtarb 1464. Seine Schriften ſind: orationum ſcholaſticarum liber; conciliorum Volumen; lecturarum in Decretalia liber; commentarius in jura municipialia: Regiſtrum des Land-Gerichts, Lehn-Rechts und Weichbildes. Auf der rhedigeriſchen Bibliothek in Breslau befindet ſich ein MS. auf Pergament vom Jahr 1486, welches den Titel führt: die Blume über den Sachſenſpiegel, -- in welchem einige Statute der Stadt Breslau, und ein remiſſorium in jus ſaxonicum, ſive index in juris ſaxonici libros ſecundum ordinem alphabethicum von 1449 des v. Burgsdorf angeführt werden.

Joach.

Joach. Cäsar, oder wie er sich oft nennte Aeschacius major, ein Dichter zu Anfang des vorigen Jahrhunderts, dessen Geburts- und Sterbe-Jahr, so wie seine näheren Umstände ganz unbekannt sind; so viel weiß man, daß er den größten Theil seines Lebens zu Glogau zubrachte. 1611 gab er die Liebes-Geschichte Eduards III, Königs von England, unter dem Titel: rationis et appetitus pugna, und 1612 ein Scrinium ingeniorum heraus.

Andr. Calig. gekrönter Dichter, gebohren zu Breslau 1549, war zuerst Rector zu Glaz, und wurde alsbenn Professor am Gymnasio zu Maria Magdal. in Breslau, wo er 1609 starb. — Er schrieb VII centurias epigrammatum; miracula divina Biblica serie descripta; Natales illustrium virorum, Foeminarum, urbium, academiarum, et monasteriorum: psalterium metrice.

Georg Calamin, gebohren von geringen Eltern zu Silberberg 1549, studierte zu Breslau, Heidelberg, Strasburg, wurde Professor zu Linz, — übersetzte einige Tragödien des Euripides, schrieb außerdem noch elogia auf berühmte Männer in Versen, und starb 1595.

Christoph Coler, gebohren zu Bunzlau 1602, wurde Pro-Rector bey dem elisabethanischen Gymnasio, und starb 1658 als Professor und Bibliothecar bey dem Gymnasio zu Mar. Magdalen. in Breslau. Er hat verschiedene Reden, und Panegyricos bekannt gemacht, — folgender ist der merkwürdigste: Panegyricus Ottoni

L. B.

L. B. a Noſtiz ſcriptus, cum Ducatuum Suidni-
cenſis et Iavorienſis Capitaneus a. 1561 conſtitu-
eretur. Vratisl. 1651. Fol. weil darinn verſchie-
bene wichtige Nachrichten von dem Geſchlecht der
von Noſtiz enthalten ſind.

Laurent. Corvinus, aus Neumark, Profeſſor der Akademie zu Cracau, dann Notarius
zu Thoren, und endlich Stadtſchreiber in Breslau, wo er ſehr viel zu Einführung der Reformation beitrug, und 1527 ſtarb. -- Seine Beſchreibung von Schleſien, in Hexametern, und
von Neumark in pindariſchen Anapäſten ſtehen
nebſt ſeiner Geographie nach den Tabellen des Pto-
lemaeus in Dominici Starii Nigri, Veneti, Geo-
graphicis commentariis, Baſil. 1537. Fol. pag. 623.
auch in den Deliciis poetarum germanorum. Francof. ad Moen. 1612. im 2ten Theil. Außerdem
ſchrieb er noch ein patriotiſches Gedicht, von ſeiner
Reiſe aus Preußen nach Breslau, welches mit
Theophilacti Simocattae epiſtolis moralibus, ru-
ralibus et amatoriis a Nic. Copernico ex graeco
in latinum converſis, zu Cracau 1509 in 4 erſchienen iſt.

Johann Crato von Kraftheim, hieß eigentlich Kraft, und wurde 1519 zu Breslau gebohren. Zuerſt widmete er ſich der Theologie, und
lebte 6 Jahr in Luthers Hauſe, war auch ſein Tiſch-
genoß, und zeichnete ſich ſorgfältig deſſen Reden
auf, woraus nachher die Sammlung von Luthers
Tiſchreden entſtanden iſt. -- Auf Luthers Anrathen ſtudierte er nachher Medicin, -- las einige
philo-

philosophische Collegia zu Wirtenberg und stiftete
mit Joach. Camerarius eine enge Freundschaft,
die nur mit beider Tod erlosch, reiste hierauf nach
Italien, und hielt sich einige Jahre bey Joh.
Bapt. Montanus in Padua auf, wurde Geheimer Rath und Leibarzt der Kayser Ferdinand
des ersten, Maximil. des zweyten und Rudolph des
zweyten, und starb 1585 zu Breslau. Seine
Schriften sind folgende: isagoge medicinae; me-
thodus therapeutica ex Galeni et Montani senten-
tia, — consilia et epistolae medicinales; 8. Von
der Pest, 4. de sacra philosophia. 8. brevis descriptio Silesiae, sie befindet sich in einigen Editionen von Ortels Theatro. Laurentius Peccen-
stein, sächsischer Historiograph zu Anfang des vorigen Jahrhunderts, hat in seiner Geschichte von
Schlesien, die beyläufig von geringer Bedeutung
und meist aus des Curäi Annalen compilirt ist,
eine deutsche Uebersetzung davon geliefert. —

Theod. Crusius, Advocat der beyden Fürstenthümer Schweidniz und Jauer, und Herausgeber der miscellaneorum silesiacorum, — starb
1740 in einem Alter von 51 Jahren. —

Maria Cunizin, zu Anfange des 17 Jahrhunderts gebohren, — Tochter eines schlesischen
Arztes. Sie hatte eine sehr ausgebreitete Kenntniß von der deutschen, pohlnischen, französischen,
italienischen, lateinischen, griechischen und hebräischen Sprache, studierte Medicin, und Mathematik, Poesie, Mahlerey und Musik, vorzügli-
chen Geschmack aber fand sie an der Astronomie

H. v. Schl. B und

und Aſtrologie. Elias von Löben, der ſie auf
mancherley Art in ihren Studien unterſtüzte, heu-
rathete ſie zulezt 1630. -- Sie ſetzte nun mit ihm
gemeinſchaftlich ihre aſtronomiſchen Bemühungen
fort, und brachte die Nächte meiſt mit Beobach-
tungen und Ausrechnungen, den Tag aber mit Schlafen zu. Weil ſie in Longomontani Tabellen verſchiedene Fehler bemerkte, und ihr die Kepleri-
ſchen wegen der Logarithmen zu unbequem waren,
ſo entſchloß ſie ſich zu einer Verbeſſerung der letztern. Der damalige Krieg zwang ſie, Schleſien
zu verlaſſen, und in ein Kloſter nach Pohlen zu
flüchten, wo ſie ſich ganz der Ausführung ihres
Plans widmete. 1660 erſchien endlich ihre urania
propitia zu Oels, -- bald darauf ſtarb ſie zu Pit-
ſchen im briegſchen Fürſtenthum 1664. Eine aus-
führlichere Nachricht von ihrem Leben ſteht in der
bibliotheque germanique. --

Johann Heinrich Cunrad, gebohren zu
Breslau 1612, ein Sohn Caſp. Cunrads, D. Phil.
et Med. und Phyſicus der Stadt Breslau. --
Er war anfangs Advokat in ſeiner Vaterſtadt,
wurde dann Rath der Herzoge von Teſchen, Lich-
tenſtein, und Oels, legte zulezt alle ſeine Aemter
nieder, trat von der reformirten zur lutheriſchen
Kirche über, und ſtarb zu Liegnlz 1685. -- Seine
beyden bekannten Werke ſind: Sileſia Togata,
worinn er über 1000 ſchleſiſche Gelehrte anführt,
ohngeachtet das Verzeichniß nur bis auf 1680
geht, -- die beſte Edition iſt von Caſpar Theophil.
Schindler, wobey ſich zugleich ſein Leben, welches

Chri-

Christian Stief beschrieben hat, befindet. Silesiae Poliographia, das ist, Beschreibung der im Lande Schlesien befindlichen Fürstenthümer, freyen Herrschaften, Städte, Klöster, Schlösser, Flecken, und Dörfer, und was sich darinn merkwürdiges begeben und zugetragen hat, theils aus verschiedenen Geschichtschreibern, theils aus selbst eigener Erfahrung zusammengetragen. Vol. IV. Der 1 u. 2te Band enthält die Beschreibung der schlesischen Fürstenthümer nach dem Alphabet, der 3 u. 4te die Privilegien, Statuten, Gesetze, Ordnungen, Gewohnheiten und andere Merkwürdigkeiten der schlesischen Städte und Flecken, — Lucä und Henel haben beyde Cunrad genützt.

Joach. Curäus, hieß eigentlich Scherz, verwandelte aber seinen Namen in Curäus (aus dem griechischen Κ𝜅𝜌𝜀𝜐ϛ) wurde gebohren zu Freistadt 1532, wo sein Vater Stadtrichter war, genoß zuerst den Unterricht des dasigen Rector M. Joh. Hoppe aus Bauzen, nachmaligen öffentlichen Lehrers zu Königsberg, studierte von 1548 an zu Goldberg unter Trocendorf die griechische Sprache und Dialektik, gieng 1550 nach Wittenberg, und hörte besonders Melanchthon, 1554 promovirte er unter Caspar Peuker zum Magister Philosophiä, und wurde hierauf Lehrer an der Schule seiner Vaterstadt. 1557 reiste er durch Italien, und blieb zu Padua, wo er Victorin Trincavel aus Venedig, Anton Francanzan aus Vicenza, Oduin ab Odis, und Bassian land über die Medicin, den Gabriel Fallop über die Chirurgie, und Anatomie,

B 2   und

und Anton Paſſer aus Genua, über die Philoſophie hörte. 1558 wurde er unter dem Vorſitz Vliſ-
ſis Aldrovandi Doctor Medicinâ, -- beſuchte 1559
nochmals Padua, kam aber in demſelben Jahre
wieder nach Schleſien zurück, und ließ ſich zu Glogau nieder, wo er zu practiciren anfieng, und welches er auch nicht verließ, ohngeachtet er verſchiedene Rufe nach Breslau und Stettin erhielt. Er
ſtarb, wahrſcheinlich an Giſt 1573. Schickfus
giebt 1574 als das Jahr ſeines Todes an. J. Fer-
rinarius aus Neumark, Profeſſor der Geſchichte
zu Marpurg hat ſein Leben beſchrieben, welche
Biographie Anton Schulz geheimer Rath des Herzogs von Liegnitz und Brieg, zu Liegnitz 1601 in 4
drucken ließ. Schriften: a) Gentis Sileſiae annales,
complectentes hiſtoriam de origine, propaga-
tione et migrationibus gentis, et recitationem
praecipuorum eventuum, qui in ecclesia et repu-
blica usque ad necem Ludocici Hungariae et Bohemiae regis acciderunt, i. e. ad annum 1526.
Vitebergae 1571. Fol. Vol. II. der erſte Theil enthält die Geſchichte unter der pohlniſchen und böhmiſchen Regierung, der 2te die eigentliche Geſchichte von Schleſien, und ganz beſonders von
Glogau und dem Bisthum Breslau. Dieſe la-
teiniſche Ausgabe iſt allen Ueberſetzungen vorzuzie-
hen, weil ſie im Original geſchrieben iſt. Curäus
verſprach zwar ſelbſt eine deutſche Ueberſetzung, allein nachher übernahm ſie Heinrich Rättel, Bur-
gemeiſter zu Sagan, der 1594 ſtarb, auf Zureden Curäi ſowohl, als ſeiner übrigen Freunde.
Sie

Sie kam erst nach dem Tode des Verfassers heraus, und es erschienen hinter einander 5 verschiedene Editionen davon unter folgenden Titeln: 1) Schlesiens und der herrlichen Stadt Breslau General Chronika, Frankfurt am Mayn 1585. Fol. Diese ist mit schönen großen Lettern gedruckt, und enthält blos die Annalen des Curäi, allein das folgende Jahr erschien eine neue Auflage mit Zusätzen unter dem Titel: Laurent. Müllers Pohlnische, Liefländische, Moschkowitische, Schwedische und andre Historien, so sich unter diesem jetzigen Könige in Pohlen (Stephan I). zugetragen. 2) Schlesische General-Chronika. 1ster Theil, Leipzig, 2ter Theil, Wittenberg 1585. 4. Man hat Ursache zu glauben, daß dies nur ein Nachdruck von der vorigen Uebersetzung ist, theils weil man 2 Druckereyen auf einmal damit beschäftigte, um nur ja in einem Jahre das Werk zu Stande zu bringen, theils weil auch schon die Müllerschen Zusätze mit abgedruckt sind. 3) Schlesische und der Weltberühmten Stadt Breslau General-Chronika. Wittenb. 1587. Fol. nebst noch einem 3ten Theil, nemlich Raettelii historia rerum silesiacarum von 1529 bis 1587 unter Ferdinand dem ersten, Maximilian dem zweyten und Rudolph dem zweyten, nebst 3 Reden Dav. Chyträi an die Kayser Carl den fünften, Ferdinand den ersten und Maximilian den zweyten, von Rättel übersetzt, — die müllerschen Zusätze aber sind weggelassen. Diese Edition ist seltner als die übrigen. 4) Neue Chronika des Herzogthums Ober- und Nieder-Schle-

B 3

fien, Eisleben 1601. Fol. mit einer Charte von Schlesien, vom Jahr 1600. Diese Ausgabe wurde von den Rättelschen Erben veranstaltet, ist dem Bar. von Promniz dediciret, und enthält ausser dem 3ten Theil der Wittenberger Ausgabe noch Rättels schlesische Chronik von 1523 bis 1594, desgleichen seine Chronik von Sagan, Priebus und Naumburg. 5) Rerum silesiacarum et vicinarum gentium Chronica, darinnen wahrhaftige Beschreibung des Landes Ober- und Nieder-Schlesien. Leipzig 1608. Fol. mit derselben Landcharte von Schlesien der vorigen Edition, statt 1600 aber steht 1606. Das Ganze besteht aus 4 Theilen, der 1 u. 2 enthält Curaei annales, der 3te die Supplemente der Eislebenschen Edition. -- Diese 3 Ersten Theile sind die Eislebensche Ausgabe selbst; dies beweisen nicht nur die Lettern, und die Seitenzahlen, sondern auch die Dedication an den Bar. von Promniz, und zu Ende des 3ten Theils steht auch ausdrücklich der Drukort Eisleben, -- nur der 4te Theil, welcher Laurent. Peccensteinii res silesiacas et poliographiam Silesiae ac Lusatiae et Ejusdem res Hungaricas, und Mülle s Supplementa rerum polonicarum enthält, ist zu Leipzig gedrukt. b) Libellus physicus de natura et differentiis colorum, sonorum, odorum, et qualitatum tangibilium. c) Consilia medica. d) Exegesis controversiae de sacra coena.

Dan. Czepko, gebohren zu Brieg 1569. nachher Pastor zu Schweidniz, starb 1623, -- machte zu Lebzeiten bekannt: ascaniae connubiorum

rum vinrula, fato quaſi connexa, pluries, cum priſcis illuſtriſſimorum Sileſiae ducum, domus, apprime adhuc florentis Lygio - Bregenſis familiis illuſtriſſimis. Suidnicii. 1622. 4. Dieſe Schrift handelt vorzüglich von der Verwandſchaft der ſcheſiſchen Herzoge mit dem anhaltſchen Hauſe, und iſt abgedruckt in Sommersberg Script. Tom. 1. p. 625, nach ſeinem Tode erſchien das größere Werk: Gynaeceum ſileſiacum Lygio - Bregenſe: oder kurze hiſtoriſche Beſchreibung und Ausführung der Stamm = Linien von den hochlöblichen Ahnen etlicher fürſtlichen Fräulein in Schleſien, die an kayſerliche, königl. chur - und fürſtl. gräfl. herrlichen Stämmen und Häuſern außerhalb Schleſien verheurathet worden, und im Gegentheil etlichen kayſerlicher, königl. chur - und fürſtl. gräfl. Fräulein außerhalb Landes, ſo ins Land und Herzogthum Schleſien gebahret, und etlichen ſchleſiſchen Fürſten beygelegt worden, ſamt einem hierbey ausführlichen Stamm - Baum von Plaſto her bis auf jeßige Zeiten, in Kupfer gebracht. Leipzig 1626. Fol. man findet es ebenfalls in Sommersberg Tom. I. Scriptor. pag. 481. abgedruckt, die genealogiſche Tafel in Kupfer aber befindet ſich in der 2ten Edition, auch Lucä hat in ſeiner ſchleſiſchen Chronik, im 5 Theil pag. 1684 einen Auszug dieſes Gynaecei aufgenommen.

Michael Dreßler, gebohren zu Leobſchüß 1547, wo ſein Vater Rathmann war, — beſuchte die Schülen zu Breslau, — ſtudierte 9 Jahr zu Wittenberg Theologie und Sprachen, wurde auch

daſelbſt Magiſter Philoſophiä, -- hernach Diaconus und Beyſitzer des Conſiſtorii zu Onolzbach,
dann Prediger zu Gunzenhauſen, endlich 1594 Prediger, Vorſteher des Gymnaſii und Profeſſor der
hebräiſchen Sprache zu Heilbrunn, wo er 1610
ſtarb.

Jac. Ebert, gebohren zu Sprottau 1549, --
wurde Profeſſor der hebräiſchen Sprache, dann
der Moral, und endlich der Theologie zu Frankfurt an der Oder, ſtarb 1614. Er hat geſchrieben: Electa hebraea 750. e libro Mibchar Hap-
peninim; hiſtoriam juramentorum; inſtitutionem
intellectus cum elegantia. --

Nic. Eccius, gebohren zu Lemberg, Reformirter Theologe, und churpfälziſcher Hof-Pre-
diger, ſtarb 622. Er hat Abrah. Buchholzers
Leben, und Abrah. Sculteti Pſalm-Poſtille herausgegeben.

Joh. Elichmann, beydes ſein Geburts-
Ort, und Jahr ſind unbekannt, ſo viel iſt gewiß,
er war ein Schleſier, -- und Medicus zu Leiden, --
beſaß eine ausgebreitete Sprachkenntniß, beſonders
der perſiſchen und arabiſchen, deren Nutzen in Ab-
ſicht der Medicin er auch in einer arabiſchen Epiſtel bewies, -- ſchrieb außerdem eine diſſertatio
de termino vitae ſecundum mentem orientalium,
und rudimenta linguae perſicae, welche Louis
de Dieu herausgab, desgleichen Cebetis tabula
arabiſch, griechiſch, und lateiniſch, die Salma-
ſius mit einer Vorrede nach des Verfaſſers Tode
bekannt machte, und ſtarb 1659.

Bal-

Balthasar Exner, gebohren zu Hirschberg 1576, gekrönter deutscher Dichter, zuerst Professor der Geschichte an dem schöneichschen Gymnasio zu Beuthen, dann Erzieher eines jungen teschenschen Prinzen, starb an der Pest 1624. Seine Schriften sind: Valerius Maximus Christianus; anchora melioris vitae, seu carmina in symbolum: spero meliora; libellus de ludo scacciae; flores ex C. Plinii scriptis.

Christian Ezechiel, gebohren zu Molwiz, im briegischen, nachheriger Pastor und Senior zu Peterwiz im Oelsnischen in der ersten Hälfte des jetzigen Jahrhunderts. — Er ist der Verfasser eines Manuscripts, welches er in einem Prodromus oder curieuser Einleitung zu des Landes Schlesien historischer Beschreibung, vorstellende die Geschichts - Schreiber Schlesiens, und deren Beförderer, angekündigt hat. — Das poetische und prosaische MS. selbst, welches bis jetzt noch nicht gedruckt ist, führt den Titel: Campus Elysius, das werthe Vaterland, ich meine Schlesien, wird überhaupt besungen, so gut es diesesmal dem Autor ist gelungen, der dessen oberen Beherrschern macht bekannt, wie die Scriptores, die von Schlesien geschrieben, samt deren Schiften, so bishero seyn geblieben, oder: Campus Elysius, d. i. chronologische und historische Beschreibung des ganzen Landes Schlesien, von Zeit der heilbringenden Geburt unsers Erlösers J. C. (welche nach allgemeiner Ausrechnung im 3970 Welt-Jahre geschehen) bis auf das nächst verlittene 1720 Jahr, darinnen

B 5

rinnen dieses Land beydes generaliter und speciali-
ter nach seiner jetzigen Abtheilung in 17 Fürstenthümer, mit ihren Ober-Regenten und Beherrschern, wie dieselben von Zeit zu Zeit auf einander gefolget, vermittelst einer accuraten Chrono-
logie und Genealogie vorstellig gemacht, als zugleich, was hierunter bey Krieges und Friedens
Zeiten im Policey und Kirchen-Stande, nota-
bles fürgefallen, angemerket. -- Ezechiel erhielt
durch einen glücklichen Zufall ein schlesisches Wappenbuch, worinnen 782 alte schlesische Wappen in
Holz gestochen waren, und welches wahrscheinlich
1578 zu Breslau in Fol. heraus gekommen war, --
sammelte noch mehrere dazu; so daß er von 1244
schlesischen Familien die Wappen besaß, -- diese
wollte er herausgeben, und kündigte sie unter folgendem Titel an: Curiöser Ehrenhold des schlesischen Adels, oder heraldisches Wappenbuch zu einer kenntlichen Anzeige aller und jeder Geschlechts-
bilder oder Schilder und Wappen des hohen und
niedern schlesischen Adels mit beygefügten Farben
oder Tinkturen, Bedeutung und Zeichen, nach
alphabetischer Ordnung abgefaßt von Curioso
Elysio; aber auch dies Werk liegt noch im MS.

Joh. Fechner, gebohren zu Freistadt 1604,
wurde zuerst Rector in Löwenberg, dann in Bauzen, hierauf Professor und Prorector beyder breslauschen Gymnasien, endlich Rector bey Mar.
Magdal. und starb 1686 in einem Alter von 82
Jahren. Er hat eine Sammlung von Gedichten
über Nieder-Schlesien unter folgendem Titel hin-
ter-

terlaſſen: Elyſiae Sylvae, ſive deliciae montium, agrorum, nemorum, fluviorum, oppidorum, aliorumque locorum quorundam amoe-
niorum, quibus Elyſia, ſive Sileſia inferior gau-
det, charactere poetico adumbratae. Bregae
1675. 8. darinn handelt er zuerſt von den ſchleſiſchen Bergen, dann von den Gewäſſern, und endlich von den Städten, einige Jahre nachher erſchien eine deutſche Ueberſetzung von einigen dieſer
Gedichte. Cattus, ſive, idyllium honori me-
ritiſſimo perantiquae praenobilis et generoſae
Familiae Zedliziorum Neukirchiana potiſſimum
domo ortorum, conſecratum. Vratisl. 1664. 4.

Joh. Ferinarius, nach Freher war er aus
Breslau, nach Jöcher aus Neumark, beyde aber
verſchweigen das Jahr ſeiner Geburt, ſtudierte
zu Wittenberg unter Melanchthon, — wurde hierauf Rector zu Freiſtadt und Brieg, — gieng 1576
nach Marburg, und wurde Profeſſor der Poeſie,
und Geſchichte, ſo wie auch Pädagogiarcha, und
ſtarb 1602, er hat Joach. Curäi Leben beſchrieben.

Gottfr. Siebig, gebohren zu Breslau 1612,
ſtudierte zu Jena, wurde 1636 daſelbſt Doctor der
Rechte, 1640 Profeſſor juris, und ſtarb in der
Blüthe ſeiner Jahre 1646. Seine Schriften ſind:
electa juris publici romano - germanici, proceſſus
ſtylo noſtrorum temporum accommodatus; decuria gemina quaeſtionum de teſtamentis.

Tobias Fiſcher, gebohren 1569 zu Crol-
ſchwitz, Arzt in Schweidnitz, ſtarb 1616; außer
einigen Gedichten, die noch in MS. vorhanden
ſind,

find, hat er sich ein Verdienst um die schlesische
Geschichte erworben durch seine Annales Silesiae,
wovon sich die originelle Handschrift auf der Maria
Magdal. Bibliothek in Breslau befindet; der erste
Theil enthält die Geschlechts-Register der schlesischen Fürsten, der 2te die Jahrbücher von Schlesien, und ganz besonders von Breslau und Schweidniz. Er folgt den Annalen des Curäus und zwar
der leipziger Edition von 1607 in Folio.

Abraham von Frankenberg, Herr von
Ludwigsdorf im Oelsnischen, gebohren daselbst 1593,
ein eifriger Schüler Jacob Böhms, voll seltsamer
Grillen, z. E. er verwarf Beichte und Abendmal,
wollte auch keine öffentliche Bedienung annehmen,
aus Furcht in mancherley Sünden verwickelt zu werden. -- Dies zog ihm den Haß und viele Streitigkeiten mit der Geistlichkeit zu, um diese zu ver-
meiden, gieng er nach Danzig und genoß der thä-
tigsten Freundschaft des großen Hevels. Zuletzt
begab er sich wieder nach Ludwigsdorf, und starb
daselbst 1652, nachdem er Viam veterum Sapien-
tum, Jacob Böhms Leben, sphaeram mysti-
cam, speculum apocalypticum, metaphysicum
etc. geschrieben hätte, -- so wie auch die Erzäh-
lung von einem Schweidnizischen Bürger Namens Beer, und seinem bekannten Abentheuer, in
einer Höle im Zobtenberge, und daselbst gehaltenen Gespräch mit verdammten Mördern, ihn zum
Verfasser hat.

George Franzki, wurde zu Lubschüz 1594
gebohren, und war der Sohn eines dasigen Kaufmanns,

manns, er studirte zu Frankfurt, Jena und Königsberg, wurde 1622 Doctor der Rechte zu Jena, und 1629 geheimer Rath der Grafen von Schwarzenburg. 1633 Rath der Herzoge von Weimar, und 1641 Canzler des Herzogs Ernst von Sachsen-Weimar. 1646 verlor er durch einen großen Brand in Gotha den größten Theil seiner ansehnlichen Bibliothek, und verschiedene wichtige MS. -- nicht lange hernach erhob ihn der Kayser Ferdinand der dritte, dem er seinen commentar. in pandectas juris civilis dedicirt hatte, zum Pfalzgraf. Er starb 1659, und hat folgende Schriften hinterlassen: commentar. in pandectas, 4. resolutiones, 4. exercitationes juridicae in quibus 140 erudiuntur et discutiuntur, 8. controversiae ex principiis juris, -- de laudemiis, 4. commentar. supra institutiones, 4. de majestate in genere, 4. Notae in Wegneri Tractat. de verborum et rerum significatione, 8. resolutio de liberis et haeredibus instituendis, 8. de evictione et duplae stipulatione, 4. Acker hat 1714 sein Leben herausgegeben.

Joh. Frimel, gebohren zu Breslau, studirte in Wittenberg, wurde daselbst Prediger, dann in seiner Vaterstadt, und Beysitzer des Consistorii, auch Professor der hebräischen Sprache, schrieb Dissertat. de coelo beatorum; de legitima vocatione D. Lutheri; de verbo Dei scripto; probam fidei evangelicam; Wittenbergam a Calvinismo gravissime vexatam et divinitus liberatam; ardorem divinae misericordiae superantem furorem irae ex Hosea XI. 7. 9. und starb 1660.

Flas

Flaminius Gasto, gebohren zu Schwiebus 1571, wo sein Vater Rathmann war, er genoß den ersten Unterricht in seiner Vaterstadt, und dann in Görliz unter dem Rector Laurent. Ludwig, -- bezog hierauf die Universitäten Wittenberg und Altdorf, -- hielt sich einige Zeit in Breslau bey Laurent. Scholz, in Prag bey Simon Simoneus, und in Bologna bey Ulysses Aldrovandus auf, wo er noch außerdem Flamin. Rota, Casp. Tagliaco-tius, Joh. Costäus, und Julius Cäsar Claudi-nus hörte, in Rom ertheilte ihm Friedr. Patricius in der Philosophie und Andr. Cäsalpinus und Marsilius Cognatus in der Medicin Unterricht. 1597 wurde er Doctor der Arzney-Gelahrheit in Basel, kehrte hierauf nach Schlesien zurück, und wählte Gurau zu seinem Aufenthalt, bis ihn der Herzog Georg Rudolph von Lignitz und Brieg zum geheimen Rath und Leibarzt erhob; in dieser Würde starb er 1618. Bey der Pest 1608 be-wies er außerordentlich viel Entschlossenheit und Menschenliebe, schrieb auch zur selben Zeit seine kleine Schrift unter dem Titel: Discurs vom rech-ten Nutz etlicher gebräuchlicher Arzneyen bey wäh-renden Sterbensläuften.

Ephraim Gerhard, gebohren zu Giers-dorf im Fürstenthum Brieg 1682, studirte zu Breslau, Wittenberg, Leipzig und Jena, wurde an dem lektern Orte 1704 Magister und 1709 zu Halle Doctor der Rechte, -- lebte darauf einige Jahre zu Jena als advocatus ordinarius, und las Privat-Collegia, wurde 1717 Professor institu-

tionum

tionum zu Altdorf und starb 1718. Seine Schriften sind: Eine Einleitung zur Staatslehre; delineatio philosophiae rationalis; Gedanken von Verstand und Willen; delineatio juris naturae; introductio in historiam philosophicam; delineatio juris civilis romano-germanici; Dissertationes, de praecipuis sapientiae impedimentis, de lege Furia Caninia, de veritatis criterio, de distinctione inter paragia et apanagia, de crimine lenocinii, de alienatione feudorum Silesiae, de criminum abolitionibus, de servitutibus in favendo consistentibus, de judicio duellico. etc.

Martin Gerstmann, gebohren zu Bunzlau 1527. Ein damals sehr gelehrter Mann, Doctor der Rechte, und Erzieher der Prinzen des Kaysers Maximilian des zweyten, Matthiä und Maximilians. 1572 wurde er auf Empfehlung Rudolphs des zweyten Bischof von Breslau, war übrigens immer ein eifriger Anhänger seiner Kirche, aber dennoch tolerant genung, anders denkende nicht zu verdammen, und zu verfolgen. Er starb 1585 zu Neisse, und hinterließ Statuta Synodalia ecclesiae Vratislaviensis, in 4.

Sebastian Gerstmann, gebohren zu Bunzlau 1542, wo sein Vater Burgermeister war, er besuchte zuerst die Schulen seiner Vaterstadt, zu Freistadt und Goldberg, gieng 1560 nach Wittenberg, und hörte Melanchthon und Eber zwey Jahr, studirte hierauf die Rechte unter Matth. Wesenbek und Mich. Teuber, und zu Leipzig 3 Jahr, unter den beyden Pistoriis und Henning Hamel,

reiste

reiste alsbann nach Italien, und hatte zu Pabua Jakob Enoch, Tiberius Decian und Pancerola zu Lehrern -- 1572 wurde er Doctor Iuris zu Ailes, und kam durch Holland und Deutschland nach Frankfurt an der Oder, wurde Syndicus der Akademie, dann Professor der Rechte und endlich geheimer Rath des Churfürst Joh. Georg v. Brandenburg. -- Kurz vor seinem Tode, der 1601 erfolgte, ernennte ihn auch der Kaiser Rudolph II, zu seinem Rath.

Salomo Geßner, der Sohn eines Predigers, an der böhmischen Gränze, geboren zu Bunzlau 1559. -- Anfangs besuchte er die Schule zu Troppau, nachher aber genoß er Privatunterricht. Als aber damals eine große Theurung in Schlesien entstand, so mußte er betteln, -- bis er in diesen Umständen nach Breslau zu einem Goldschmied kam, der ihn zum Lehrer seiner Kinder annahm. 1576 gieng er nach Strasburg, wurde in das dasige Wilhelmscollegium aufgenommen, und genoß die damit verbundenen Vortheile. -- Er hörte daselbst den Golius über die Moral, Oldendorp im hebräischen, Wolkenstein und Dasypodius in der Mathematik, Nic. Florus aber, Joh. Faber, und die beyden Marbachs, über die Theologie; 1583 kehrte er als Magister nach Breslau zurück, und wurde Erzieher des Sohns des geheimen kaiserlichen Rath Dudith; 1585 erhielt er den Ruf als Rector nach Bunzlau, 1589 gieng er nach Stettin als Vorsteher des dasigen Gymnasii, -- 1592 nach Stralsund als Prediger, 1593 nach Wittenberg,

berg, wurde daselbst unter Polycarp Leyser Doctor,
und bald darauf Professor der Theologie, auch 1595
Assessor des Consistorii. -- Hypochondrie, und eine
schwache Brust, machten seinem Leben schon 1605
in einem Alter von 46 Jahren ein Ende. Seine
Schriften: orthodoxa de persona et officio Christi
doctrina; passio Iesu Christi concionibus ex-
plicata; lib. IV. de conciliis; XVII disputat. pro
libro concordiae contra Bellarminum. -- Pre-
bitten zur Zeit der Pest und Türken-Tyranney. --
Meditatio generalis Psalterii; explicatio dict. Pau-
lini: Omnis scriptura divinitus inspirata etc. disputat. in integram Genesin. -- Hosea propheta
duplici versione latina; admonitiones ad ordines
Silesiae de calvinismo.

Henoch Gläser, aus Landshut, gebohren
1628, der Sohn eines dasigen Kaufmanns. Er
besuchte zuerst die Schulen zu Breslau, bezog
hierauf 1646 die Academie zu Wittenberg, wo
er sich durch kleine Gelegenheitsgedichte viel Freunde erwarb, -- besonders war Buchner sein großer
Gönner, -- nachdem er 3 Jahr daselbst Gesprüch-
te, Philosophie und die Rechte fleißig studirt hatte, gieng er 1649 nach Helmstädt, und knüpfte
mit Scheurlin, Calixt, Hornejus und Hahn, eine
enge Freundschaft; -- nicht lange nach seiner Ankunft daselbst krönte ihn der Gothaische Kanzler
und Pfalzgraf, Georg Franzki zum deutschen
Dichter. Nachdem er 4 Jahr Hahn, Mühlbom
und Werner über die Rechte gehöret hatte, besuchte
er Altorf und Tübingen, -- reiste auf den Reichs-

B. v. Schl.   C   tag

tag nach Regensburg, hielt sich einige Zeit in Basel und Speyer auf, und kehrte 1656 wieder nach
Helmstädt zurück, las 2 Jahr privatim, wurde
1658 Prof. jur. extraordinar. das folgende Jahr
Doctor U. I. und bald darauf Prof. jur. ordinar.
starb endlich 1668, und hinterließ folgende Schriften: discursus inaugural. de praeventione jurisdi-
ctionis, -- de libero arbitrio secundum jus civile
et canonicum; de vera Philosophia juris, oratio,
d. 22 Jul. 1658 habita; de procuratore; de jure
statuario, de fama ejusque imminutione; de ho-
micidio; dissertatio apologetica de Iure in re,
opposita Iacobo Bornio I. U. Licent. et Senatori
Lipf. subjuncta est ipsa dissertatio antagonistae.
Pr. cum Novellarum interpretationem publ. su-
sceptaturus esset; de judice ejusque officio in genere; de jure naturae; de vocatione in jus, sive
citatione; de alendis a parentibus liberis; Ioach.
Schnobelii I. C. in libros pandectarum disputatt.
XXV recognitae. -- Ejusdem in libros feudorum
disputatt. XI. mantissae loco accessit Henr. Acida-
lii I. C. synopsis juris feudalis; de simulatione;
de sortitione; de incendiis; de judiciis; de tutela et cura; de mutuo; --

Johann von Glogau, von seiner Vaterstadt, Glogau, wo er um die Mitte des 15 Seculi gebohren wurde, und 1507 als Prof. philos.
bey der Academie zu Cracau, und Canonicus daselbst starb. -- Er war einer der größten Philologen seines Zeitalters, und unter ihm erreichte die
hohe Schule zu Cracau einen sehr hohen Grad der
Voll-

Vollkommenheit. — Folgende Schriften sind noch von ihm auf uns gekommen: — interpretatio Donati de arte poetica; de Rhetorica; quaestiones in omnes libros Aristotelis; de Arithmetica; — Grammatica; Explicatio in Ioan. Sacrobusti lib. de Sphaera; interpretationes librorum sacrorum Slavonicae.

Martin Gosky, weder sein Geburtsort, noch das Jahr, in dem er gebohren wurde, und wenn er starb, sind bekannt — man weiß nur, daß er ein Schlesier, der Arzneygelahrheit Doctor, kayserl. Poet, Pfalzgraf, Stab-physicus von Gardeleben, Medicus verschiedner Reichsfürsten, von 1620 aber an Leibarzt der Herzoge von Braunschw. Lüneburg war, und 1650 Augusti Ducis Brunsw. et Luneb. vitam et famam in folio herausgegeben hat.

M. Simon Griesbek, lebte zu Anfang des 17 Jahrhunderts, gebohren zu Brieg, wurde Rector in Greifenberg, und starb als Prediger zu Wartenberg. Seine Schriften: Eine poetische Einleitung in die schlesische Geschichte, unter folgendem Titel: Isagoge, Silesiae Etymon, natales, originem, situm, positum coeli, subjecta adjuncta etc. brevibus et succinctis elegiis repetens. Francof. ad O. 1613. 8. Diese Ausgabe ist äuserst selten, man findet sie aber abgedruckt in Theodor. Crusii miscell. Siles. P. I. mit Anmerkungen. Genealogia stirpis-antiquissimae illustrissimorum Principum Lygio-Bregensium, nulla interrupta serie a Piasto ab a. C. 806, ad sua us-

que tempora continuata, carmine elegiaco exhi=
bita. Francof. ad O. 1612. 4.

Sam. Grösser, gebohren zu Oels 1663,
und starb 1736 als Rector des Gymnasii zu Gör=
liz und Mitglied der königl. preussis. Academie der
Wissenschaften. Er ist der Herausgeber von den
lausizischen Merkwürdigkeiten V Theile. Leipzig
1714 Fol. der 1ste Theil enthält die historischen,
der 2te die Kirchen= der 3te die politischen, der 4te
die litterairischen, und der 5te die physischen und öko=
nomischen Sachen.

Simon Grunäus, gebohren zu Liegniz 1564,
starb als Superintendent eben daselbst 1628. Er
hat geschrieben: Augenscheinliche Erweisung der
Verwandtschaft der Herzoge in Schlesien zur Lieg=
niz und Brieg, mit den fürnehmsten Römischen
Kaysern deütschen Geblüts. Liegniz 1610. fol. —
Verwandschaft des fürstlichen Hauses Liegniz, mit
den Königen in Böhmen; Verwandschaft mit dem
Erzherzoglichen Hause zu Oestreich; Verwandschaft
mit dem fürstlichen Hause Anhalt; Absonderliche
Fürbildung der nahen Blutsverwandniß beyder
hochlöblicher fürstlicher Häuser Liegniz und Brieg,
wie auch Monsterberg und Oels, mit den hoch=
löblichen kaiserl. königl. Chur= und fürstlichen Häu=
sern der Erzherzoge von Oestreich, Könige in Spa=
nien, Frankreich und Polen, und Herzoge in
Bayern. -- Monumentorum Silesiae pericula; --
Basileensium monumentorum antigrapha.

Andr. Gryphius, gebohren 1616 zu Groß=
Glogau, wurde in den Adelstand erhoben, und zum
deut=

deutschen Dichter gekrönet, — verfeinerte wie Opiz
durch Reisen nach Holland, Frankreich und Italien, und durch den Umgang mit berühmten Gelehrten und Kritikern seinen Geschmak, und starb
1664 als Landsyndicus des Fürstenthums Glogau,
mitten in der Versammlung der glogauischen Land-
stände. Er war ein feiner Kopf, besaß eine ausgebreitete Gelehrsamkeit, kannte die Griechen und
Shakespear, die Natur und das menschliche Herz:
mit einer genauern Kenntniß des Theaters, hätte
er in der dramatischen Dichtkunst das leisten können, was Opiz als Lehrdichter geleistet hat. Seine Wortfügung ist größtentheils natürlich, und seine Verse sind fliessend, ohne Verwerfung und
Verstümmelung der Construction; In seinem
Trauerspiel: Papinian, sind herrliche Stellen, und
der Character Papinians erregt Achtung und Bewunderung. Außerdem schrieb er noch einen Par-
naß; Freuden- und Trauer-Spiele; Trauerreden;
Uebersetzung von Bakers Betrachtungen über das
Vater Unser, und die 7 Buß-Psalmen; de mu-
mia Vratislaviensi; historia incendii Freistadien-
sis; Privilegia ducatus Glogoviensis; Piastus,
Lust- und Gesang-Spiel; Er hat auch noch verschiedene MS. hinterlassen, z. E. eine Delineation
oder Entwurf des Glogauischen Fürstenthums Landes und Rechtens, zu fernerer Deliberation, zu-
förderst aber zu der röm. kayserl. Majestät gnädig-
ster gefälligster Ratification gestellet, und in 5 Th.
abgetheilet, desgleichen: Neu revidirte Landrechts-
ordnungen Glogauischen Fürstenthums, welche ab-

gethei-

getheilet werden in 6 Bücher, die Bücher aber in
gewisse capita.

Joh Christian Günther, gebohren 1695
zu Striegau, studirte Anfangs zu Schweidnitz und
dann zu Leipzig Medizin, und starb, nachdem er
in seinem Vaterland sein Glück vielfältig verscherzt
hatte zu Jena im 28ten Jahre seines Alters.
Seine Gedichte sind zu Breslau und Leipzig 1742.
gr. 8 erschienen. Mit den schönen dichterischen
Talenten, die er von der Natur empfieng, konnte
er gleich Opizen in unserer Litteratur Epoche machen. Aber er schrieb zu viel, dem Leichtsinn der
Jugend überlassen, ohne einen kritischen Freund,
und nicht immer von den Musen begeistert. Das
ganze Leben des Jünglings ward von wilden Lei-
denschaften umhergetrieben; er nährte seinen Verstand zu wenig, Philosophie, Kritik, Sprachen,
und das dem Dichter unentbehrliche Studium der
Menschen, verabsäumte er ganz. Armuth und
beschämende Sorgen, drückten in ihm alles edle,
kühne Streben seines Geistes, nach Vollkommenheit nieder, und so starb er, ehe sein Genie noch
zur männlichen Reife gelangen konnte. Unter der
Menge von Gedichten, die er in so wenig Jahren
schrieb, und schreiben muste, haben viele lyrischen
Schwung, und anhaltendes Feuer. Er ist frey
von falschem Flitterputze, seine Reime strömen
leicht fort, und der Mangel an Welt und Sitten,
eine Folge seiner Lebensart, wird durch die Neu-
heit und Kraft mancher Gedanken, durch Bilder
voller Leben, und durch gewisse affectvolle Wen-

dun-

dungen erseßt, welche nur dem Genie eigen sind.

&. M. Günther, gebohren zu Brieg, zu
Anfang des jeßigen Jahrhunderts, ehemaliger
Prediger zu Molwiz und Conradswaldau, im
Briegschen: Er hat sich als Schriftsteller bekannt
gemacht, durch kurze Fragen und Antworten, vom
Herzogthum Schlesien, Bresl. und Leipzig 1733. 8.
Nachricht von der neuen Verfassung des Herzog-
thums Schlesien, und dem Ursprung derselben, aus
den alten Zeiten, entworfen von F. W. B. 1741. 8.
Schlesischer Palmbaum, d. i. kurze Nachricht von
Schlesien, worinn von des Landes Beschaffenheit,
Eintheilung, Obrigkeit, Regierung, Aemtern,
Aufwachs und Abnahm der reformirten Religion,
Gymnasiis und Schulen, biblischen Zustand der
Evangelischen, und deren Drangsalen ꝛc. wie auch,
was des gottsel. Marggrafen v. Brandenburg Ge-
org, ehemals in Schlesien bey der Reformation
Gutes gestiftet, von einer schlesischen Feder ent-
worfen, Frankfurt 1742. 4.

Joh. Günther, gebohren zu Greiffenberg
1660. studirte zu Breslau und Leipzig, wurde 1687
zu Leipzig Sonnabendsprediger, 1688 Beysißer
der philosophischen Facultät, 1690 Mittagspredi-
ger, und Diaconus bey der St. Thomaskirche.
1691 Collegiat im Frauencollegio, 1699 Freytags-
prediger bey St. Nicolai und 1708 Archidiaconus
bey St. Thomä und Doctor Theologiä. Er war
ein eifriger Wächter im evangelischen Zion, und
bewies sich als einen muthigen Streiter gegen die

C 4   römi-

römische Kirche, schrieb außer einer Menge Streit-
schriften noch: das traurige Jubeljahr der römis.
Kirchen; Collegium pastorale; der standhafte
Lutheraner; Predigten über die Epistel an die Römer; Buß- und Tugend-Predigten; disputat. de
nova methodo pontificiorum lutheranos conver-
tendi; demonstratio, quod ecclesia lutherana
sit apostolica et romana apostatica ex epistola ad
Romanos; de abdicatione regni; de recordatione
animae separatae; de animae separatae appetitu
et propensione ad corpus, praecepta homiletica,
Leichenpredigten, und starb 1714.

Job Christian Halmann, gebohren zu
Breslau, Advocat daselbst, und Verfasser eines
vermischten poetischen und prosaischen Werks:
Schlesischer Adlersflügel oder wahrhafte Abbild-
und Beschreibung aller Könige, Oberregenten und
Obristen, Herzoge über das ganze Land Schlesien,
von Piasto an, bis auf unsern regierenden aller-
gnädigsten Kayser, König und Obristen Herzog
Leopold. Es erschien nebst den übrigen poetischen
und dramatischen Versuchen Halmanns, zu Brieg
1672. 4 mit Kupfern, von dem Fürsten, auf Kosten des Verfassers; welcher 1716 zu Wien starb.

Martin Hancke, gebohren zu Borne. bey
Breslau 1630, studirte zu Breslau und Jena,
wurde Prof. zu Gotha, dann Prof. und Bibliothecar und endlich Rector bey dem elisabeth. Gymnas. zu Breslau und Inspector der dasigen Schulen -- mußte nach Wien kommen, und die kayserl.
Bibliothek in Ordnung, wofür ihn Leopold mit einer

ner goldenen Kette beſchenkte. Er ſtarb 1709 im
79 Jahr ſeines Alters, von denen er 50 im Dienſt
der Schule zugebracht hatte. Ein großer Theil
ſeines Lebens iſt in dem launigten und witzigen
Apolog enthalten, der ſeinen Gedichten, die zu
Frankfurt an der Oder 1685. 8. erſchienen, beyge-
füget iſt, er führet darinn Hunde, Ochſen und
Schweine redend ein, unter dem Hahne aber iſt
niemand als er ſelbſt zu verſtehen. Er hat große
Verdienſte um die vaterländiſche Geſchichte, -- wie
dieſes aus den nachfolgenden angeführten Schriften erhellet, -- freilich gilt von ihm, was man von
allen proteſtantiſchen ſchleſiſchen Hiſtorikern ſagen
muß -- daß der Zwang an ihnen unverkennbar iſt,
ſo bald die Gegenſtände die Religion betrafen, --
ein Umſtand, der nicht nur viele MS. in der Geburt erſtickt, ſondern auch die meiſten gedruckten,
ſehr verſtümmelt hat. Antiquitates de ſileſiorum
nominibus. Lipſ. 1702. 4. de ſileſiorum majori-
bus antiquitates ab ortu Chriſti ad Annum 550.
Lipſ. 702. 4. exercitationes de ſileſiorum rebus ab
a. 550. vsque ad a. 1170. Lipſ. 1705. 4. Vratislavienſes eruditionis propagatores; de ſileſiis in-
digenis eruditis et de ſileſiis alienigenis eruditis;
de ſcriptoribus romanarum et Byzantinarum rerum; Opus hiſtoricum de S. R. I. comitibus
Burgbauſiis.

Joh. Sigismund Haunold, der letzte aus
der berühmten Patriziſchen Familie, die ſeit der Mitte des 15 Jahrhunderts in dem Rathe zu Breslau
blüh-

blühte, gebohren daſelbſt 1634. 1660 kam er in
den Rath, wurde kayſerlicher Rath, erlebte 1710
ſein Jubiläum als Präſes, und ſtarb 1711 in einem Alter von 77 Jahren. -- Er war ein großer
Freund der Gelehrten, und jeder Augenblik, den
ihm ſeine Amts-Geſchäfte übrig ließen, war ihrem Umgang gewidmet; als Schriftſteller iſt er
nicht öffentlich aufgetreten, die Eliſabethaniſche
Bibliothek aber beſitzt verſchieden merkwürdige
MS. von ſeiner Hand; das vorzüglichſte darunter
iſt ein Theatrum monetarium, welches aus 8
Bänden in Folio beſteht, und worinn beynahe die
Münzen aller Nationen ſehr ſauber gezeichnet ſind, --
nicht zu erwehnen das dies MS. wegen verſchiedenen originellen Briefe großer Gelehrter, die ſich darinn befinden, ſehr ſchätzbar iſt. -- Außerdem
noch curioſa artis et Naturae; Regnum animale,
minerale et vegetabile; recreatio mentis et oculi
botanica. Vol. II. meditationes ſacrae ſelectae.
Eben dieſer Bibliothek vermachte er auch ein ſehr
ſchönes Herbarium vivum exoticum, welches der
bekannte Ciſterzienſer Mönch Sylvius Bocco, No-
bile Canormitano, und Botanicus des Großher-
zogs von Florenz am mittelländiſchen Meere, und
an den afrikaniſchen Küſten geſammelt hat.

Martin Helwig, gebohren zu Neiſſe 1516,
ſtarb als Rector des Mar. Magdal. Gymnaſii zu
Breslau 1574. Er iſt der Verfaſſer von einer
Sileſiae brevi deſcriptione, vom Jahr 1571, welche
ſich auf der mar. magdalen. Bibliothek in dem
Theatro Ortelii in MS. befindet, nachher verbeſſerte

ferte er sie, und gab sie unter dem Titel: Silesiae uberior descriptio heraus. Eine andre seiner Schriften ist: Idyllion de fluminibus Silesiae, ohne Anzeige des Druck Orts und Jahres, wahrscheinlich aber Breslau. 4. eigentlich ein Fragment von Fabri's Sabothus vom 78 bis zum 172 Verse, und eine große litterairische Seltenheit. Am berühmtesten aber hat er sich gemacht durch seine Charte von Schlesien, welche er 1561 zu Neisse durch Joh. Creuzig auf 4 Blättern, die zusammengeleimt werden können, mit einem 10 jährigen kayserl. und königl. böhmischen Privilegio in Holz stechen ließ, er widmete sie zuerst dem damaligen Kämmerer und Rathmann Nic. Rhediger in Breslau, nachher aber auch dem Lands-Hauptmann, dessen Wappen nebst dem Jahr 1561 der ersten Auflage in aller 5 übrigen Editionen beybehalten worden ist. Am Rande aber sind die Wappen der Fürstenthümer, und ihrer Haupt-Städte gestochen; Nach 3 Jahren schrieb Helwig eine Erklärung der schlesischen Wappen, wozu und wie dieselbe nützlich zu gebrauchen, samt einem vollkommen Register, dadurch jede Stadt, Schloß und Kloster ohne Mühe zu finden. Breslau 1564. 8. Diese Schrift war aber ganz unbekannt, bis sie in den gelehrten Neuigkeiten Schlesiens vom Jahr 1736. p. 249 angeführt wurde. 1605 veranstaltete Nic. Schneider auf Kosten Dav. Albrechts Buchhändlers zu Breslau eine neue Auflage von Helwigs Charte, mit derselben Dedication, obgleich Helwig und Rhediger längst gestorben waren. 1627 besorg-

beforgte Aug. Gründer zu Brieg einen neuen Stich
auf Koſten der beyden bresl. Buchhändler Joh.
Eyerings und Joh. Perferts, -- ohne Helwig zu
nennen, welcher dem Churfürſten Joh. Georg dem
erſten dedicirt war. 1642 erſchien zu Breslau eine
neue Ausgabe die der königlichen Cammer gewidmet, und von den Eyeringſchen Erben veranſtaltet
war, wo ebenfalls Helwigs Namen ausgelaſſen
iſt. -- 1685 gab Joh. Günther Rörer die 5 Auflage mit einer Dedication an den bresl. Rath heraus, -- die 6 und leßte Breslau 1738 erſchien wieder mit Helwigs Namen unter folgendem Titel:
M. Mart. Helwigs erſte Land-Charte vom Herzogthum Schleſien, nebſt einer Erklärung zu finden Breslau in der baumanniſchen Erben Buch-
druckerey 1738. zugleich gab Chriſtian Runge Pro-
Rector bey Mar. Magd. Gymnaſ. eine Schrift in R.
unter demſelben Titel heraus, welche eine kurze
Biographie von Helwig, -- eine Beſchreibung ſeiner Charte und deren verſchiedenen Ausgaben, endlich einen Abdruck der Helwigſchen Erklärung enthält. -- Ortel hat die helwigſche Charte in einem
kleinern Format, veränderter Lage, und mit Rän-
dern verſehen in Kupfer geſtochen, ſie ſteht in ſeinem Theatro orbis terrarum vom Jahr 1570 unter folgender Aufſchrift: Sileſiae typus deſcriptus
et editus a Mart. Helwigio Neiſlenſe et nobili
viro Nic. Rhedinger dedicatus a. 1561; in der
Ausgabe dieſes Theatri von 1595 aber, und in allen folgenden iſt der Titel alſo verändert: Sileſiae
typus a Mart. Helwigio Niſſenſe deſcriptus et nobili

bili doctoque viro Domino Nic. Rhedingero dedicatus. --

Nicolaus Henel von Hennenfeld, Erb-
herr auf Olbendorf und Grünhende, gebohren 1582
zu Neustadt im Oppelnschen Fürstenthum, wo
sein Vater Prediger war. Sein erster Lehrer war
der dasige Rector Caspar Neander, 1594 gieng
er auf die Schule nach Troppau, 2 Jahre nachher
auf das Elisabeth. Gymnas. nach Breslau, wo
Christoph Scholz, Nicol. Steinberger, George
Seidel und Martin Weinrich docirten. Wegen
der Pest wurde 1599 die Schule geschlossen, Henel
gieng wieder nach Hause, bis 1600 der Unterricht
wieder eröfnet wurde, und er aufs neue das Gymnas. bezog. In demselben Jahr schikte ihn sein
Vater noch nach Jena. Henel selbst hatte anfangs
die Arzneykunde zu seiner Hauptwissenschaft ge-
wählt. Nachher aber vertauschte er diese mit der
Philosophie und der Rechts-Gelahrheit. Sein
vorzüglichster Lehrer war Nic. Reusner, -- der
Tod seines Vaters nöthigte ihn im Jahr 1603 die
Academie zu verlassen, und ins Vaterland zurück-
zukehren. 1604 wurde ihm die Erziehung der
Söhne des gelehrten Herrn Nicol. von Rhediger
auf Striesa aufgetragen; Alle seine Wünsche
wurden in dieser Lage erfüllt, -- Herr von Rhediger war selbst Gelehrter, hatte eine ansehnliche
Bibliothek, und behandelte Heneln mit väterlicher
Zärtlichkeit. 1609 trat er mit seinen beyden Zöglin-
gen eine Reise durch Deutschland, Holland, Frankreich und Italien an, der Zweck war meist litterai-
risch,

lſch, und Henel machte die Bekanntſchaft mit den erſten damals lebenden Köpfen der Gelehrten-Republik:
1612 kamen ſie wieder zurück, Henel lebte bald
zu Breslau bald zu Srieſa, ſchrieb 1613 ſeine
Sileſiographia und Breslographia, und erhielt verſchiedene Aufträge zu anſehnlichen Bedienungen,
die er indeß von ſich wies. 1618 ernannten ihn
die Stände des Fürſtenthums Münſterberg zu ihrem Syndicus provincialis oder Landſchreiber, eine
Bedienung von der er ſelbſt in ſeiner Lebensbe-
ſchreibung geſteht, daß er ſich keine beſſere wün-
ſchen könnte, ob ſie gleich nur 400 rthlr eintrug.
1631 erhob ihn Ferdinand der zweite zum kayſerli-
chen Rath, 1637 wurde ihm das Syndicat der Stadt
Breslau übertragen. 1642 wurde er in den Adelſtand erhoben, ‒‒ und ihm noch das Prädicat: von
Hennenfeld beygelegt. Er ſtarb 1656 im 75 Jahre
ſeines Alters mehr an Entkräftung als an einer
eigentlichen Krankheit, der Probſt zu St. Bern-
hardin, M. Seidel hielt die Leichenrede im Trauer-
hauſe. Bey ſeiner Abkündigung, fiel noch folgendes, das zur Religions-Geſchichte dieſes Man-
nes gehört, vor. Weil Henel in etlichen Stücken
der geänderten augſpurg. Confeſſion zugethan war,
auch das heilige Abendmal bey den Reformirten
zu Brieg genoß, ob er gleich ſonſt den lutheriſchen
Predigten beywohnte, ſo änderte der damalige Inſpector Anaſias Weber die von der Wittwe über-
ſchickte Abkündigung ſehr vielfach ab, vermehrte
und verminderte dieſelbe an verſchiedenen Orten,
und ſetzte hinein: der Seelen nach hoffentlich ſee-
lig

lig verschieden: Er ließ auch hin und wieder das
Wort, seelig ganz aus, und statt der damals ge-
wöhnlichen Clausul: Liebhaber Gottes Werks und
der Hochwürdigen Sacramente, setzte er nur den
Wunsch bey: Gott verleihe ihm eine sanfte Ruh
und am jüngsten Tage eine fröhliche Auferstehung.
Henel war übrigens ein wahrhaft großer Jurist,
nicht ohne Philosophische Einsichten, ein starker
Kenner der alten griechischen und lateinischen Literatur, und ein critischer Geschichtsforscher. Ehr-
geiz war Hauptzug seines Characters, dies beweist
die Vorliebe zu den langen weitschweifigen Titeln,
in denen er von sich spricht, desgleichen auch die
Art, mit der er verschiedenemal Bedienungen von
sich wies, die seiner Leidenschaft zu wenig schmei-
chelten. Jedoch seine Ostentation war nie straf-
würdig, er würde ohne sie vielleicht nie das für
die Welt geworden seyn, was er wirklich ward.
Thätigkeit und Pünktlichkeit in seinen Geschäften
waren ihm angebohren, und die vielen Schriften,
die wir von ihm besitzen, beweisen, wie gut er die
wenigen Nebenstunden anlegte, die ihm seine Amts-
Verrichtungen übrig ließen. Der evangelischen
Lehre blieb er bis auf kleine jedem denkenden Christen erlaubte Privat Ideen treu, und es ist zu
verwundern, daß er als Protestant, bey dem damaligen herrschenden Verfolgungs-Geiste, nicht
nur sein Glück machte, sondern auch von einer
Ehrenstuffe zur andern erhoben wurde. Seine
toleranten Gesinnungen gegen anders denkende,
und eine gewisse nach den Zeiten sich schmiegende
Klug-

Klugheit waren davon wohl die erften Urfachen, —
dem großen Ruhm als Gelehrter hatte er ohnftrei-
tig dem rhedigerifchen Haufe zu danken. Die vortrefliche Bücherfammlung feines Patrons, worunter ein feltner Schatz von Handfchriften war, und
der gelehrte Umgang mit Nicol. von Rhediger
bildeten feinen Geift zu der Reife, die ihn fo fehr
über feine Zeit Genoffen erhob. Eben fo vortheil-
haft war für ihn die Reife durch einen großen Theil
von Europa, auf der er auch zu Orleans die Doctorwürde 1610 annahm. Als Niclas von Rhediger 1616 ftarb, fo brachte Henel den Kern feiner Bibliothek an fich vermehrte fie noch, und
hinterließ fie feinem einzigen Sohne, nach deffen
Tode fie in die Hände derer von Pein gerieth, und
weil fich keine Liebhaber dazu in diefer Familie fan-
den, einzeln verhandelt, und zerftreut wurde. —
Henels fämmtliche Schriften find folgende: Sile-
fiographia. 4. Francof. 1613. Dies Buch hatte
anfangs nur 9 Capitel; Henel vermehrte es bis auf
12 Capitel, und wurde 1632 damit fertig, machte
aber noch 29 Jahre nachher immerfort neue Anmerkungen und Zufätze, die aber verloren gegangen find. Nach feinem Tode erhielt fein Sohn
dies Manufcript, dann kam es in die Hände D.
J. C. Trallis, von diefem kaufte fie Jof. Fiebiger, (gebohren zu Frankenftein 1657. geftorben
1712. Großprior des befreiten ritterl. Ordens der
Creutzherren mit dem rothen Stern, Vifitator in
Pohlen und Schlefien, auch Prälat des Hofpital-
ftifts St. Matthiä zu Breslau, Verfaffer der ely-
fifchen

sischen Felder, einem Gedicht über die Einführung des Christenthums in Schlesien, und einer Streitschrift gegen J. Fr. Mayer) dieser gab sie mit vielen Zusätzen bereichert und einer Vorrede von Christ. Stief 1704 zu Leipz. in 2 Theilen in 4 heraus. Fiebiger hatte auch noch die Absicht, eine neue Ausgabe zu besorgen, verschiedene Fehler zu verbessern, hie und da zu vermehren, das überflüßige und weitschweisige wegzustreichen, und auf einen bessern Ausdruck zu denken. Aber der Tod hinderte ihn an der Ausführung. -- Breslographia. 4. Francof. 1613. hatte auch anfangs nur 6 Capitel, Henel vermehrte sie aber so, daß 12 Capitel entstanden. Sie liegt noch ungedruckt auf der elisabeth. Bibliothek, denn Fiebiger, der schon Bemerkungen dazu sammelte, wurde durch den Tod an der Herausgabe gehindert; von Helwig und von Sommersberg wollten sie nachher öffentlich bekannt machen, beyde aber unterließen es wieder. Epigrammatum. lib. I. 8. Olsnae. 1615. lib. II. Bregae. 1615. lib. III. Olsnae. 1616. 8. -- Rhedigeromnema, sive de vita magnifici strenui ac nobilissimi Dni Nicolai Rhedigeri Commentarius. 4. Bethaniae. 1616. -- Burghausiomnema, h. e. Laudatio posthuma perillustris ac generosi Dni Nicolai L. B. de Burckhaus et Stolz, Rudolphi II. et Matthiae Impp. consiliarii, camerae caesareae per utramque Silesiam Praesidis, Ducatus Monsterbergensis et Territorii Francosteiniensis praefecti etc. Fol. Bregae. 1634 nebst Bildniß und Wappen. -- Sermo consolatorius

B. v. Schl.   D   torius

torius ad Nobil. Magnif. et Ampliſſ. Virum Dn.
Ioh. Arnoldum ab Arnsdorf etc. ex praematuro
acerboque duorum magnae exſpectationis filio-
rum, unicaeque filiae obitu, hactenus lugen-
tem. 4. Vratisl. 1633. -- Commentarius de Veterum ICtis, e quorum legibus Iuſtitiae romanae
templum exaedificatum eſt. 8. Lipſ. 1641. iſt äuf-
ſerſt ſelten. -- Phaſelus Catulli, c. notis philo-
logicis Andr. Sanſtlebii. 8. Lipſ. 1642, -- para-
phraſis pſalmi nonageſimi, anacreontico carmine adumbrata. 4. Vratisl. 1656. Nach ſeinem
Tode erſchien otium vratislavienſe. 8. Ienae. 1658,
es ſind lauter juriſtiſche und philologiſche Bemerkungen, worinn man nichts, was Breslau betrift,
ſuchen muß. -- Tr. de jure dotalitii cum man-
tiſſa de comunione bonorum inter conjuges. 4.
Francof. et Lipſ. (eigentl. Jena). 1660, annales
Sileſiae ab origine gentis ad obitum usque D. Imperatoris Rudolphi II, i. e. annum 1612. dieſe ſtehen in v. Sommersberg's Scriptor. rer. Sileſ.
Tom. II. n. 8. p. 197. -- Chronicon Ducatus
Monſterb. et Territorii Francoſteinienſis, -- ſteht
gleichfalls im Sommersberg. Tom. I. pag. 121. --
Ungedruckte Schriften: Sileſia togata, Biogra-
phien vor mehr als 600 Gelehrten in 12 Büchern.
Series ſeu catalogus epiſcoporum Vratislavien-
ſium ex variis auctoribus et collatis inter ſe tam
cuſis quam manuſcriptis catalogis congeſtus; dies
Werk hat Fiebiger meiſtentheils in ſeine Sileſio-
graph. renov. aufgenommen, -- genealogiae principum, -- epiſtolarum farrago ab a. 1609. 4. --

car-

carminum miscellorum liber. Fol. – Sylvula poëtica meletematum sacrorum ad historiam Dominicae passionis pertinentium. Fol. – designatio itineris romani et designatio itineris Neapolitani 4. – Genealogia familiarum nobilium silesiacarum. Encomium breve Vratislaviae. – Censura in Christoph. Coleri Panegyricum Dn. Ottoni L. B. a Nostiz scriptum 1651. – und noch verschiedene kleinere Handschriften, und eine Menge Briefe.

Joh. Herbinius, gebohren on einem unbekannten Orte in Schlesien 1632, wurde Rector zu Wolau, dann Rector der teutschen Schulen in Stockholm, und starb als Prediger in Preußen 1676. Seine Schriften: dissertatio de admirandis mundi catarrhactis; clavis Logicae, et larva sophistica detecta; examen terrae motus et quietis; collegium oratorium de causarum generibus; eloquentia academica; politica domestica; institutio epistolica; religiosae Kijovienses Cryptae s. Kijovia subterranea. –

Abrah. Herrmann, gebohren zu Breslau 1634, wurde Prediger zu Maslau im Fürstenthum Oels, und starb 1705. – Außer einem centifolium homileticum, und Verum Christianismum, hat er sich noch öffentlich bekannt gemacht durch eine Praxis heraldico-mystica, d. i. Geistliches Wappenbuch, denen christlichen Gemüthern, so solche führen, so wohl zum Verfolg welt und geist edler Tugenden, als auch zu täglicher Erinnerung dero Taufbundes, ehelicher Pflicht,

D 2 und

und menſchlicher Sterblichkeit, wie nichts minder
denen Lehrern zum Anlaß chriſtablicher Tauf, Trau-
und Leichen-Sermonen, der 1te Theil erſchien auf
Koſten des Verfaſſers zu Brieg 1699. 4. der 2te
ibid. 1700. 4. und den 3ten gab ſein Sohn und
Nachfolger Leonh. Dav. Herrmann, der als Mitglied der königl. preuß. Academie 1736 ſtarb, zu
Jauer 1724. 4. heraus.

Joh. Herrmann, eines Kirſchners Sohn,
gebohren zu Rauden 1585, — in ſeiner Kindheit
wurde er einſt gefährlich krank und die fromme Mutter gelobte ihn der Kirche, wenn er geſund würde.
Er war zuerſt unter der Aufſicht des Rector Joh.
Baumann in ſeiner Vaterſtadt, beſuchte dann
1597 die Schule zu Wolau, 1602 nahm ihn Valer.
Herberger in Frauſtadt zum Erzieher ſeines Sohns
an, wobey er aber die Freyheit hatte, die dortigen Schulen zu frequentiren; 1603 gieng er auf
das eliſabeth. Gymnaſ. nach Breslau, und 1604
nach Brieg, wo ihn der berühmte Rector Schikfus, zum Aufſeher 2 junger Edelleute von Cotwiz
und von Rothkirch machte. Er hatte viel dich-
teriſches Genie, machte ſich auch durch verſchiedene
kleine Gedichte ſo bekannt, daß ihm der kayſerliche Pfalzgraf und Allmoſenpfleger Jacob Chi-
marräus den Lorbeerkranz ſchickte, welcher ihm von
D. Caſp. Cunrad, Arzt und gekrönten Dichter in
Brieg in Gegenwart verſchiedener damaliger Gelehrten aufgeſetzt wurde. Mit ſeinem Zögling
Wenzel v. Rothkirch beſuchte er die Academien von
Leipzig, Jena und Straßburg. Allenthalben,

wo er hin kam, ſtiftete er durch ſeine Gedichte eine
weitläuftige litterariſche Bekanntſchaft. 1611
wurde er Prediger zu Köben, und ſtarb zu Liſſa
in Pohlen 1638. Außer ſeinen Gedichten ſchrieb
er noch 86 Tauf-Sermone; 145 Trauungs-Ser-
mone; Güldene Sterbekunſt, gezeigt in 12 Predigten aus dem Geſang: Herzlich thut mich verlangen, exercitium pietatis; die Evangelia in
deutſchen und lateiniſchen Sprüchen abgefaßt;
geiſtl. Kircharbeit in 3 Theilen; Zuchtbüchlein;
Crux Chriſti, die ſchmerzliche Marterwoche Chriſti
in 9 Predigten erklärt; -- exegeſis Fidei chriſtia-
nae oder bibliſches Chriſtenthum; Lazarus fide-
lium typus, frommer gläubigen Zuſtand, gewie-
ſen an dem armen Lazarus; Gebetbuch, darinn
100 chriſtliche Gebethe; In Noth bet allezeit, die
Rettung iſt nit weit, bewieſen aus dem Gleichnuß
Luc. 18 von der bedrängten Wittib und dem unge-
rechten Richter, in 5 Predigten; Baugedanken;
aeternus amicitiae contractus, ein Freund liebt
allezeit, es ſey Freud oder Leid, aus den Sprüch-
wörtern Salomonis erklärt; mons oliveti; de-
voti muſica cordis, Herz- und Haus-Muſica,
darinnen allerley geiſtliche Lieder, aus den heiligen
Kirchenlehrern, Sonn- und Feſt-Tags Evange-
lien; Chriſti Auferſtehung in 10 Predigten verfaßt,
lib. IX epigrammatum; Sonn- und Feſt-Täg-
liche Spruchpoſtill; Haus- und Reiſe-Poſtill;
löblicher Handwerkeruhm, bey hochzeitlichen Trau-
ungen chriſtl. Handwerksleute bewieſen; heptalo-
gus Chriſti, die 7 Gebote Chriſti in 7 Predigten

betrach-

trachtet. — Sonntagsandachten; Trauungs Prebigten auf allerley Stände gerichtet; Treuherzige
Abmahnungs Schrift an seinen jederzeit gehorsa-
men, damals aber verleiteten Sohn, wie auch
dessen kindliche Antwort, und darauf erfolgte vä-
terliche Trost-Schrift; Andächtige Kirchen-Seuf-
zer oder Reimen, womit er die Evangelia durchs
ganze Jahr hindurch beschlossen; Poetische Er-
quickungs-Stunden, u. s. w.

Joh. Hofmann, gebohren zu Schweidniz
in der 2ten Hälfte des 14 Jahrhunderts, war nachher Rector zu Prag, verließ es aber wegen der
damaligen großen Spaltung, und gieng 1409 auf
die neu errichtete Universität Leipzig, wurde daselbst Professor der Theologie 1413, Rector, auch
Canonicus zu Meißen und 1414 Bischof daselbst;
wohnte dem Costnizer Concilio bey, und starb 1451.
Als Schriftsteller machte er sich durch ein Logik bekannt, schrieb auch einen tractat. in quasdam
philos. partes; de Christi Iesu pueri inventione;
de B. Mariae Virg. praesentatione; quaestionis
theolog. cum solutionibus.

Christian von Hofmanswaldau, dieser
Dichter wurde 1581 zu Breslau gebohren, studirte
zu Danzig und Leiden, reiste durch England, Frankreich und Italien, und starb 1679 als kayserlicher
Rath, Raths-Präses, und des königl. Burg-
lehns Namslau Director. — Außer den Helden-
Briefen, und verschiedenen Gelegenheits-Gedich-
ten, der erleuchteten Maria Magdalena, und den
Tränen der Tochter Jephtä hat er noch eine ziem-
liche

liche Sammlung von Grabschriften, wovon einige
launigt genug sind, eine poetische Uebersetzung des
treuen Schäfers von Guarini, und den sterbenden
Socrates, ein prosaisches Gedicht mit Versen unter-
mischt, meist aus dem französischen des Theophile
übersetzt hinterlassen. Im letztern finden sich unter
dem Schwalle saber Reime einige starke prosaische
Stellen, die durch Gedrungenheit und Kraft der
Gedanken auffallen.

Johannes, der älteste schlesische Annalen-
schreiber, dessen nähere Umstände aber sich ganz
in der Dunkelheit eines sehr frühen Zeitalters ver-
liehren, man muthmaßt er habe Bonumann von
seiner Vaterstadt Guttentag in Oppelnschen Fürstenthum, geheißen, und wäre als Canonicus und
Dechant zu Breslau gestorben. Seine Pohlnische Chronik, die aber weit besser schlesische Chronik
heißen könnte, ist in Sommersberg Scriptor. rer.
Silef. T. I. abgedruckt, das originelle MS. aber
befindet sich in der Collegiat-Kirche der heiligen
Hedwig zu Brieg.

Gerge Kirsten, gebohren zu Neisse 1588,
wurde zuerst Rector in Oels, dann Hofprediger
zu Bernstadt, und starb als Herzogl. Oelsnischer
Superintendent 1638. Er schrieb: ducentos
quinquaginta sex Progenitores excelsissimi Principis Georgii III primogeniti, et fratrum germanorum Ducum Silesiae Lignicensium et Bregen-
sium. Progenitores illustrissimorum sponsorum
Caroli Friderici Ducis Monsterbergensis et Ols-
nensis et Annae Sophiae Ducissae Saxoniae. –

Pro-

Progenitores illuſtriſſimae principis ac dominae Annae Magdalenae, Palatinae Rheni, Duciſſae Bavariae, nuptae illuſtriſſimo principi Henr. Wencislao, Monſterbergenſi Duci, — multiplicem cognationem illuſtriſſimorum principum ſponſorum Caroli Friederici Ducis Monſterbergenſis et Annae Sophiae Duciſſae Saxoniae.

Peter Kirſten, gebohren zu Breslau, wo ſein Vater Kaufmann war, 1577. In ſeinem 10 Jahre, als er bereits die Anfangsgründe der Arithmetik und der lateiniſchen Sprache erlernt hatte, ſchikten ihn ſeine Vormünder der pohlniſchen Sprache wegen nach Poſen, — hier blieb er 6 Jahre, kam zurück, ſtudirte Phyſik, Anatomie, Botanik, und orientaliſche Sprachen, beſuchte die Univerſitäten Leipzig, Wittenberg und Jena, wo er Magiſter philoſ. wurde, gieng alsdenn auf Reiſen nach Frankreich und Holland, und fand außer der Arzney-Gelahrheit, welche ſein Hauptſtudium ausmachte, einen leidenſchaftlichen Geſchmack an der arabiſchen Sprache, Meſues, Avizenna Rheſis, Abenzoar, Abucaſis und Averrhoes waren ſeine Lieblingsautoren, und beydes Joh. Scaliger und Iſaac Caſaubonus, mit denen er in ſehr engen Verbindungen ſtand, beſtärkten ihn in ſeiner Vorliebe für dieſe Sprache. — Er wurde hierauf mit 24 Jahren Doctor Med. zu Baſel, that eine 7 jährige Reiſe durch Italien, Frankreich und Spanien, kam nach Schleſien zurück, gieng aber bald wieder nach Jena, bis ihn der bresl. Stadt-Rath zum Rector eines von den

den beyden Gymnasien zurückrief. — Er erhielt hier verschiedene Rufe als Leibarzt des Erzherzog Carl von Oestreich, Kayser Ferdinands des zweyten, und des Churfürsten in Sachsen, die er aber alle ausschlug. Jeder freye Augenblik wurde dem arabischen gewidmet, ja er brachte endlich sogar eine kleine arabische Druckerey zu Stande, des Schulebens bald müde, verließ er Breslau, und gieng nach Preußen, wo er mit dem großen schwedischen Canzler Axel von Oxenstierna bekannt wurde, der ihn 1636 mit nach Schweden nahm, wo er als königl. Leibarzt, und Doctor Med. zu Upsala 1640 starb. — Anzeige seiner Schriften: Decas sacra canticorum et carminum arabicorum ex aliquot MSS. cum latina versione. Vratisl. 1609. evangelistarum quatuor ex antiquissimo codice MS. arabico caesare erutae. Francof. 1609. Fol. III specimina characterum arabicorum, ibid. 1609. Fol. Grammatica arabica ibid. eod. Fol. Liber secundus de canone canonis a filio Sina studio sumtibus ac typis arabicis, qua potuit fieri fide, ex asiatico et africano exemplari MS. caesareo arabice per partes editus, et ad verbum in latinum translatus, notisque textam concernentibus illustratus, ibid. 1610. Fol. Epistola S. Iudae ex MS. heidelbergensi arabico ad verbum translata, additis notis ex textuum graecorum et versionis latinae vulgaris collatione. Vratisl. 1611. Fol. liber de vero usu et abusu Medicinae. Francof. 1610, deutsch ibid. 1611. 8. Oratio introductoria in Gymnasio Vra-

tislavienſium habita, ibid. eod. 4. Notae in Evan-
gelium S. Matthaei ex collatione textuum árabi-
corum, ſyriacorum, aegyptiacorum, graecorum et latinorum. ibid. 1612. Fol. Hypotypoſis
ſive informatio medicae artis ſtudioſo perutilis,
aliquamdiu in pharmacopolio verſaturo Caſp.
Peuceri edita ex MS. Petri Kirſtenii. Vratisl. 1638. 8.

Chriſtian Knorr von Roſenroth, gebohren zu Alt-Rauten im Fürſtenthum Wolau
1636, ſtudirte zu Stettin, Leipzig und Wittenberg, wurde zu Leipzig Magiſter, that eine Reiſe
durch Holland, Frankreich und England, und
brachte ſeine übrigen Tage bey dem Pfalzgrafen von
Sulzbach als geheimer Rath und Canzler zu, wo
er 1689 ſtarb. Er war ein großer Freund der
Chymie, und Orientaliſchen Literatur. Unter
ſeinen vielen cabbaliſtiſchen und andern Schriften,
die meiſt ohne ſeinen Namen, oder unter einem
angenommenen erſchienen, verdienen vorzüglich
folgende angeführt zu werden: Cabbala denudata
in 2 Theilen in 4. Erklärung der Offenbarung
Johannis; Ueberſetzung von Thomä Brownii
Pſeudoxia epidemica, und der Werke des ältern
Helmonts, — Eine Ueberſetzung aus dem Engli-
ſchen von der Harmonie der Evangeliſten: Vorrede zu des jüngern Helmonts Natur-Alphabeth.
Neuer Helikon mit ſeinen 9 Muſen. — Ein
MS. über die Wahrheit der chriſtlichen Religion,
unter dem Titel: Meſſias puer, iſt noch nicht gedruckt. —

Franz von Köckriz, Faber genannt, gebohren zu Ottmachau 1497, und starb als bres-
lauischer Stadtschreiber (Schiffuß nennt ihn immer Syndicus) 1565. Er ist der Verfasser von
einem epischen Gedicht Sabothus oder Silesia genannt. Schlesien kommt in demselben mit seinen Töchtern, den Flüssen zu seinem Schutzgeist
dem Zobtenberg, und erzählt seine Schiksale. —
Er hatte 9 Jahre darüber gearbeitet, und es erschien erst nach seinem Tode als ein Anhang der
zweyten Edition von Nic. Reusneri itinerario totius orbis. Basil. 1592. 8. Allein dies Werk hat
sich äußerst selten gemacht, und Fabers Sabothus
wurde aufs neue in Henels Silesiograph. renovata aber nur fragmentweise aus dem MS. abgedruckt. Endlich erschien es wieder vollständig unter dem Titel: Primitiae Silesiacae sive Franc.
Fabri vulgo Koekriz Sabothus et Silesia. Lips.
1715. 8. Der Herausgeber, der sich in der Vorrede als einen außerhalb Schlesien gebohrnen, und
nicht einmal in Schlesien lebenden Gelehrten an-
kündigt, und Q. A. T. A. V. A. (quaevis artem
terra alit) unterschreibt, war niemand anders als
Gottfr. Tilgner aus Liegniz, der Rechte Candidat,
der sich hernach 1717 zu Leipzig erstach. — In
diesem Gedicht beklagt sich Sabothus unter andern über die Ungerechtigkeiten eines gewissen Faunus, pag. 31. 38. — Das heißt, über Friedr.
Bar. von Redern, Präses der königlichen Cammer, einen bekannten Feind der Breslauer,
a fando, (Reder) Faunus genennt, — auf dessen
plöz-

plötzlichen Tod Faber ein Gedicht unter dem Titel Faunus sideratus in Hexametern schrieb, — wo
er noch deutlicher und freyer von ihm spricht. Im
MS. befinden sich noch auf der Maria Magdal.
Bibliothek in 4. und auf der Neapolitanischen in 8.
Fabri Origines Vratislavienses manuscriptae sive
excerpta privilegiorum Vratislaviensum, serie
annorum digesta quibus praemissa est historia
Silesiae antiquior mit einer Dedication an George
ge Mehl.

Samuel von Königsdorf, gebohren zu
Breslau 1662, nachher Proto-Secretarius und
endlich Proto-Syndicus daselbst, — schrieb auf
Kayser Leopold einen Panegyricus, der in viele
Sprachen übersetzt wurde, und in den Reden gros-
ser Herren steht, und starb 1719.

Gottlieb Kranz, Inspector zu Breslau,
Rector und Bibliothecar bey dem elisabeth. Gymnas. auch Mitglied der königl. preuß. Academie
der Wissenschaften, starb 1733, in einem Alter
von 75 Jahren, von denen er 50 als Schullehrer
verlebt hatte. — Er las über die MS. welche
sich auf der elisabeth. Bibliothek befinden, und
die Papiere, die er bey diesen Vorlesungen brauchte,
befinden sich auf derselben Bibliothek, so wie eine
Römische Geschichte von Julius Cäsar an bis auf
Justinian den Großen, die er nach Anleitung des
thebigerschen Münz-Cabinets verfertigte, — und
mit nieblichen Abbildungen alter Münzen versehen, dem breslauischen Rath 1709 dedicirte, auf
der Mar. Magdalen. Bibliothek verwahrt wird.

Joh.

Joh. Gottl. Krause, gebohren zu Wolau, zu Ende des vorigen Jahrhunderts, nachmaliger Professor der Geschichte zu Wittenberg, Herausgeber des Lebens des berühmten polnischen Historiker Dlugos, — desgleichen miscellaneorum gentis Schafgotschianae, oder eines historischen Berichts von dem uralten Geschlecht derer Herren von Schafgotschen. Striegau 1715. 4. welches eigentlich weiter nichts als eine verbesserte Edition von Ioh. Trallis stemmatographia Schafgotschiana ist.

Nikol. Kreul, gebohren zu Wartenberg, zu Anfang des 15ten Jahrhunderts, studirte zu Breslau, gieng hierauf nach Italien, und wurde mit Aeneas Sylvius, nachmaligen Pabst Pius II. bekannt, der ihn seinem Verwandten Nannius Piccolomini, nachherigen Pabst Pius III, zur Führung und Unterweisung gab, und zu verschiedenen andern wichtigen Geschäften brauchte. 1457. kam er, mit vielen Empfehlungsschreiben versehen, nach Schlesien zurück, und wurde Canonicus zu Breslau, schrieb ein rerum suo tempore gestarum epitome, welches aber verlohren gegangen ist, und starb 1492.

Friedrich Kühnow oder Kühn, aus Bolkenhayn, Geograph und Kalenderschreiber, starb als Notarius in Goldberg 1675. Er verfertigte einige schlesische Kalender, ließ eine Landcharte vom Fürstenthum Liegnitz durch Gottfr. Bartsch, aus Schweidnitz, stechen, die auch die Jansonischen Erben nachgestochen haben, und dedicirte sie George Wilhelm, Herzog von Liegnitz und Brieg.

Des.

Desgleichen eine vom Fürstenthum Schweidnitz, die zuerst dem Landeshauptmann der beyden Fürstenthümer Schweidnitz und Jauer, hernach aber auch noch dem Grafen Christian Leopold von Schafgotsch zugeeignet, zuerst von Bartsch, hernach aber auch von Janson und seinen Erben, Bläw, Schenk und Falk, gestochen ist. — Eine Charte vom Fürstenthum Jauer, mit derselben Dedication, gestochen von Bartsch und Bläw. Nachher gab sie Peter mit den Abbildungen der beyden Städte Jauer und Hirschberg, und einem polnischen Privilegio, aber ohne Dedication heraus. Gottlieb v. Köhler, der als Pronotarius zu Breslau 1725 starb, ließ die beyden Kühnowischen Charten von Schweidnitz und Jauer auf ein Blatt durch C. Posch stechen, es erfolgten auch noch 4 neue Auflagen mit Dedicationen an die Kayser Joseph, Leopold, von denen er eine goldene Kette, nebst einem ansehnlichen Geschenk an Gelde erhielt, und Carl VI.

Quirinus Kuhlmann, ein berüchtigter Schwärmer, gebohren zu Breslau 1651, — er wurde in der lutherischen Kirche erzogen, las aber zu viel mystische Schriften, fieng an, Erscheinungen zu haben, und den Propheten zu machen, gieng nach Jena, — ohne die Vorlesungen daselbst zu besuchen, sondern hieng seiner verdorbenen Einbildungskraft nach, that eine Reise durch Deutschland und Holland, blieb einige Zeit zu Leyden, und muste zu seinem Unglück Jakob Böhms Schriften in die Hände bekommen, die ihn so sehr verdar-

darben, daß man sich genöthiget sahe, den wun-
derlichen Menschen aus Leyden zu verweisen, — er
irrte darauf in England, Frankreich, der Türkey,
Preußen und Liefland herum, und kam endlich
nach Moskau, wo er das traurige Schicksal erfuhr, nach einem langwierigen Gefängniß 1690
verbrannt zu werden. Die Geburten seiner ver-
schrobenen Einbildungskraft führen folgende Titel:
der neu begeisterte Böhme; Kühl=Psalter; prodromus quinquennii mirabilis, heptaglotta Kuhl-
manniana; mysterium viginti unarum septima-
narum; Kircheriana de arte magna sciendi, sa-
pientia, quinarium suorum lapidum adversus
Goliathum; Constantinopolitana de conversione
Turcarum; Cyrus refrigeratorius; hierosolymi-
tanus.

Joh. Christ. Kundmann, D. Phil. et Me-
dic. Naturae curiosus, und Arzt zu Breslau, in
der Mitte des jetzigen Jahrhunderts, Verfasser folgender Schriften: Promptuarium rerum naturalium et artificialium Vratislaviense, ibid. 1726. 4.
worinn vorzüglich die breslauischen Münzkabinete
beschrieben werden. Nummi singulares, oder
sonderbare Thaler und Münzen, so oft wegen einer kleinen Marque, oder theils curiösen, theils
historischen, theils fabelhaften Mührchen, von den
Münzliebhabern hochgeschätzt, und deswegen in
Münzkabinetten vor andern aufbewahrt werden.
Leipzig u. Breslau 1731. vermehrte Auflage 1734. 4.
Nummi Iubilaei, oder Jubelschaustücke, so nach
50 jähriger hochfürstlicher Regierung, nach eben
so

so lang geführten wichtigen Amtswürden, oder durch Gelehrsamkeit und Schriften, ihren Namen unvergeßlich gemacht. Breslau 1738. 4. Academiae et Scholae Germaniae, praecipue Ducatus Silesiae cum bibliothecis in nummis, oder: die hohen und niedern Schulen in Deutschland, insonderheit des Herzogthums Schlesien, mit ihren Büchervorräthen in Münzen, wie auch andere ehemals und jetzo wohleingerichtete Schulen dieses Herzogthums, denen ein Anhang alter rarer güldner Münzen, so bey Grundlegung des Hospitalgebäudes zu Jauer 1726 gefunden worden, beygefügt, nebst Kupfern. Breslau 1741. die Heimsuchung Gottes im Zorn und Gnade, über das Herzogthum Schlesien, in Münzen, nebst einer Abhandlung der Medaillen, welche auf den Todesfall Ihrer königl. Majestät Carl VI und dem darauf bald erfolgten Krieg in Schlesien, denn aber nach Behauptung Nieder-Schlesiens Er. königl. Majestät in Preußen geleisteten Erbhuldigung, und neuen Landeseinrichtung, zum Vorschein kommen, mit Kupfern, Liegnitz 1742. 4. die lezten 3 Werke sind Supplemente zum Dewerdek. Ankündigung von einer zu edirenden Historie der Gelehrten in Münzen, wie auch von denen allbereits dem Druck überlassenen, und so Gott will, nachfolgenden Schriften. Liegnitz 1742. 4. nebst einem Verzeichniß derer Gelehrten in Münzen, wie solche in Originalen, und denenselben gleichenden Abgüßen besitze.

Joh. Lange, gebohren zu Löwenberg 1485, studirte zu Leipzig, und wurde von Pet. Witch zum

zum Mag. philoſ. kreirt, las hierauf über den Pli-
nius, ſeinen Lieblings-Schriftſteller, und hatte
unter andern den bekannten Joach. Camerarius
zu ſeinem Zuhörer, — gieng alsdann nach Bologna, und hörte Ludovic. de Leonibus in der
Medicin und Peſ. Aegineta über die griechiſche
Sprache, nahm zu Piſa 1522 den Doctor-Grad
an, hörte noch einige Zeit Nic. Leonicum zu Ferrara, und kehrte darauf nach Deutſchland zurück,
und wurde Leibarzt der 4 folgenden pfälziſchen
Churfürſten, Ludwigs, Friedrichs des zweyten,
Heinrichs und Friedrichs des dritten. Mit Friedrich
dem zweyten that er eine 37 jährige Reiſe durch Spanien, Italien, Frankreich und den gröſten Theil
des übrigen Europa, ſtarb endlich zu Heidelberg
1565, und hinterließ folgende Schriften: conſilia
medica; opus miſcellaneum epiſtolarum medi-
cinalium; compendiarium curandae peſtis me-
thodi; epiſtolae de ſcorbuto.

Joh. Lange, gebohren zu Freiſtadt im Te-
ſchenſchen 1503, — begab ſich zu dem biſchöfli-
chen Hofe nach Neiſſe, hatte Valent. Crotoaldum
zum Lehrer, und erwarb ſich ſeinen Unterhalt durch
Singen vor den Thüren, — beſuchte die Univerſität zu Cracau, — gieng hierauf nach Wien,
und genoß Phil. Gundels Unterricht in der grie-
chiſchen Sprache, — in der er ſich binnen Jahres-
friſt eine ſolche Fertigkeit erwarb, daß er ſich völlig darinnen ausdrücken konnte. In Ofen empfal
ihn der Capellmeiſter Thom. Stoller aus Schweidniz dem König Ludwig von Ungarn, der ihn zum

Lehrer der Chorschüler machte. Als 1530 Valent.
Trocendorf starb, so wurde er als sein Nachfolger nach
Goldberg berufen, — nach 8 Monaten aber gieng
er nach Neisse als erster Lehrer der dasigen Schule;
nicht lange hernach nahm er den Ruf als Actua-
rius nach Schweidnitz an, — wurde hierauf Secretair des neißischen Bischofs Jacob von Salza,
dessen Nachfolger Balth. von Promniz ihn 1539
zum Canzler erhob, bey einer Gesandschaft an
den Römischen König Ferdinand erhielt er die
Würde eines Doctor juris, und nicht lange darauf eines königlichen Rathes und Redners, und
wurde zu verschiedenen wichtigen Gesandschaften
gebraucht. Des Hoflebens müde erhielt er endlich
seine verlangte Entlassung, und brachte seine übrigen Tage in philosophischer Stille zu, wo er 1567
starb. Seine Schriften sind unter folgenden Auf-
schriften erschienen: Latina Versio Nicephori, Cal-
listi, Xantopuli ecclef. hiftor. libr. XVIII. latina
verfio Gregorii Nazianzeni Sententiarum libr. III,
Verfio Inftini Martyris, cum annotationibus, —
libellus contra Staphylum, der ihn beschuldigte,
er habe geleugnet, daß Christus nach seiner menschlichen Natur eine Creatur wäre, — carmnia ly-
rica; — elegiae.

Johann Länger, gebohren 1484 zu Vol-
kenhayn, — wegen seiner Gelehrsamkeit in Adelstand erhoben vom König Uladislaus von Ungarn
und Böhmen; stubirte zu Leipzig, wurde daselbst
Magister, dann Professor der Theologie, 1514.
Rector Magnificus, 1515. Baccalaureus theologiae,

giae, — gieng hierauf einige Zeit nach Wittenberg, und wurde 1521 Prediger zu Naumburg,
wurde von da nach 9 Jahren verjagt, und ſtarb
1542 als Superintendent zu Coburg. Seine Schriften beſtehen in Briefen, Gedichten, einer Erklärung des Vater Unſers, und einem calendario
aſtronomico fatidico. Chriſtian Schlegel, ſächſiſcher Hiſtoriograph hat 1722 zu Gotha ſein Leben
herausgegeben.

Melch. Lauban, gebohren zu Sprottau
1567, ſtudirte zu Wittenberg und Heidelberg, wo
ihn P. Meliſſus zum deutſchen Poeten krönte,
wurde Rector in ſeiner Vaterſtadt, dann Conrector zu Goldberg, hierauf Profeſſor der griechi-
ſchen und lateiniſchen Sprache am Gymnaſio zu
Danzig, und ſtarb endlich als Rector zu Brieg
1633. Er hinterließ Epopoeiam et Analyſin Odyſ-
ſeae Homeri; Analyſin Virgilii Aeneidos libri VII;
etymologiam verborum graecorum, Pſalmos
Davidis, Orationes und carmina.

George Chriſtian Lehms, gebohren zu
Liegnitz 1684, lebte einige Zeit zu Leipzig als Magiſter, wurde fürſtlich Heßendarmſtädtſcher Rath
und Bibliothecar, ſchrieb außer verſchiedenen Ro-
manen unter dem angenommenen Namen Poli-
bor, Deutſchlands gelehrte Poetinnen; die Geſell-
ſchaft der Todten; den 2ten Theil von Zieglers
Heldenliebe, und ſtarb 1717.

Chriſtian Lentner, gebohren zu Breslau
1690, ſtudirte zu Liegnitz, Breslau und Leipzig,
anfangs die Rechte, — wählte aber hernach Theo-
E 3   logie

logie und Philologie, besuchte verschiedene Universitäten, las auch Collegia zu Leipzig, — und
kehrte 1717 als 4. College bey dem Mar. Magdal.
Gymnaf. in seine Vaterstadt zurück. -- Er übersetzte Placette's Moral, und Sacy's Abhandlung
von der Freundschaft ins deutsche, schrieb eine Di-
sput. de Constantino M. non ex rationibus poli-
ticis christiano, gab 8 Stück der Moralisten-Bi-
bliothek heraus und starb 1724.

Christian Alb. von Lenz, Herzogl. Oelsnischer Hofrath zu Ende des vorigen Seculi, schrieb:
Ihro Hochfürstlichen Durchl. der Durchlauchtigsten
Fürstin und Frauen Eleonora Charlotta, gebohrner
und vermälter Herzogin zu Würtemberg 2c. wie auch
in Schlesien zu Oels 2c. nahe Verwandniß mit
kayserl. und königl. Majestäten, auch chur- und
fürstl. Durchlauchtigkeiten. 1692 -- 1694. Fol.
Folgende MSS. von ihm erwarten noch den Druck:
Ihro hochfürstl. Durchlauchtigkeit, des durch-
lauchtigen würtemberg-mompelgartischen Erbprin-
zen, Herrn Leopolds Eberhards Herzogs zu Würtemberg und Tek nahe Verwandniß mit kayserl.
und königl. Majestäten, auch churfürstl. Durchlauchtigkeiten. 1693. Hochfürstl. Würtemberg-
Oelsnischer Genealogischer Cedern-Garten, d. i.
der durchlauchtigsten Prinzen und Herren, Herrn
Carl Friedrichs und Christian Ulrichs, Herzoge zu
Würtemberg und Tek, auch in Schlesien zur Oels
und Bernstadt, 2c. Geschlechts-Register, hohe
Ahnen, und Uhrahnen, bis ins 10 Glied, sammt
hochgedachter Prinzen Verwandschaft mit den hohen

hen europ. Häusern, durch genealogische Tabellen
vorgestellet. Erste und andre Allee im Jahr
a Deo pa Ce M pre Care 1700. Hochfürstl. Würtemberg - Oelsnischer und Münsterbergischer Geschichts = Calender, ao. 1700 angefangen. --

Casp. Gottl. Lindner, gebohren zu Liegnitz,
Doct. Med. Naturae curiosus und Rathmann zu
Hirschberg in der Mitte des gegenwärtigen Jahrhunderts. -- Ein bekannter Dichter, und Verfasser und Herausgeber folgender Gedichte: Pancratii Geyer's aus Hirschberg, des ersten und ältesten Geschichtschreibers, a. 1506 lateinische Gedichte vom Lobe der Stadt Hirschberg den 3 Mbr.
1640. Fol. befindet sich in der Sammlung der Lindnerischen Gedichte. Breslau und Leipzig 1743. 8.
Das Lob des Zaken-Flusses, und seines bewundernswürdigen Umzirkels auf und an dem schlesischen Riesengebirge. Hirschberg 1738. Fol. Das
unvergleichliche lateinische Gedicht von der Vortreflichkeit des schlesischen Riesengebirges des
weltberühmten Herr Rectors, M. Joh. Fechner's
nebst der deutschen Uebersetzung. 1738. Fol. Das
schöne lateinische Gedicht M. Joh. Fechners von
der Vortreflichkeit des schlesischen Zobtenberges,
nebst der deutschen Uebersetzung. Hirschberg,
1737. Fol. Poetische Beschreibung des landberühmten hirschbergischen Hausberges in Schlesien.
Hirschberg, 1739. Fol. Vergnügte und unvergnügte
Reisen auf das weltberufene schlesische Riesengebirge, welche von 1690 bis 1737, Theils daselbst den Allerhöchsten zu preisen, theils die er.

stau.

staunende Wunder der Natur zu betrachten, theils
sich eine Gemüthsvergnügung oder Leibesbewegung
zu machen, theils den berufenen Rübenzahl aus-
zukundschaften, von allerhand Liebhabern angestellt worden sind, die sich dann zu einem beständi-
gen Andenken in die daselbst befindlichen Schnee-
koppen-Bücher namentlich und meistens mit bey-
fälligen merkwürdigen Gedanken in gebundener und
ungebundener Rede eingeschrieben haben, auf vieles
Verlangen herausgegeben, und mit einigen bekannten und unbekannten Historien von dem abentheuerli-
chen Rübenzahl vergesellschaft, nebst einer Vorrede von den Wundern, Schönheiten, Vortref-
lichkeiten, und der natürlichen Beschaffenheit dieser Gebürge. Hirschberg. 1736. 4.

Friedr. Freyh. von Logau, gebohren 1604,
starb als Canzley-Rath des Herzogs Ludwig des
vierten von Liegniz und Brieg. 1655. Lessing und
Ramler haben seine fast verloren gegangenen Epi-
grammen, die er unter dem Namen Salomo von
Golau herausgab, aufgesucht, das beste Drittheil
davon in 12 Büchern Leipzig 1759 von neuem bekannt gemacht, und ein kleines kritisches Glossarium über die Sprache des Dichters hinzugefügt.

George Freyh. von Logau, Doctor de-
cretalium, kayserl. Pfalzgraf, König Ferdinands
Rath, Domherr im St. Johannisstift zu Breslau, Probst bey der Stiftskirche zum heiligen
Creuz, reiste nach Italien, ließ Gratii poetae de
venatione librum acephalum; M. Aurelii Olym-
pii Nemesiani cynegeticon; ejusdem carmen bu-

coli-

colicum; T. Calphurnii Siculi bucolica; Adriani,
Cardinalis venationem, welche er zu Rom fand,
drucken. Zu Wien kamen auch 1599 seine eignen
Gedichte heraus. Er selbst starb zu Breslau 1553.

Balthas. Friedr. Freyh. von Logau, ein
Sohn Friedr. von Logau, gebohren zu Liegnitz 1645.
Deputirter des briegschen Fürstenthums bey den
Landtagen; ein großer Freund der Gelehrten, und
selbst Dichter, -- stand mit vielen großen Männern in einem engen Briefwechsel, -- sammelte
eine vortreffliche Bibliothek, die sich jetzo in Weimar befindet, und starb 1702. --

Daniel Caspar von Lohenstein, geboh-
ren zu Nimptsch 1638, studirte zu Leipzig und Tübingen, besuchte die vornehmsten deutschen Höfe,
hielt sich lange in der Schweiz, in Leiden, Utrecht
und Wien auf, sprach lateinisch, italienisch, fran-
zösisch, spanisch, und starb als kayserlicher Rath,
und Stadt-Syndicus zu Breslau 1683. Schon
in seinem 15 Jahre schrieb er die Trauerspiele Ibra-
him Bassa, Agrippina und Epicharis, ob er sie
gleich erst später öffentl. bekannt machte. Seine
sämtlichen Gedichte sind 1701 zu Breslau erschienen. Breitinger hat in seinem Buch von den Gleich-
nissen den Geist der lohensteinschen Schreibart sehr
treffend also charakterisirt. Lohensteins berühmtes
Werk, Arminius, sagt er, ist einer kostbaren
Mahlzeit zu vergleichen, wo der reiche Wirth auf
keine Kosten geachtet, und ohne Sparen hat auf-
tischen lassen, was Garten, Heerde, Wald, Meer,
niedliches und leckerhaftes dargeben können, wo

E 4 ins-

insbesondere die entferntesten Theile der Welt sen=
den müssen, was sie seltenes und theures haben;
bey alle diesem Ueberfluß aber die Speisen so übel
zugerichtet, die Gerichte so ungeschikt gegattet, und
so ungereimt vermischt sind, die Brühe so versal=
zen, die Würze so übermäßig verschwendet ist,
daß die Gäste bey überladener Tafel vor lauter
Efel hungrig sitzen, wie dem Tantalus wiederfah=
ren ist.　Ueberdies vermehrt der Ueberdruß, die
ungestüme Prahlerey des Wirths, der euch un=
aufhörlich zum Essen nöthigt, indem er nicht nur
erzählt, wie viel ihm eine jede Tracht zu stehen
komme, sondern auch die Natur und das Wesen
derselben mit ruhmrediger Weitschweifigkeit be=
schreibt; dergestalt, daß die unwilligen Gäste an
seiner thörigten und geschmaklosen Kostbarkeit sich
nicht besser zu rächen wissen, als dort Nasidiens
Gäste gethan haben, wie in ihrem Namen Fundan
beym Horaz erzählt: quem nos sic fugimus ulti,
ut nihil omnino gustaremus: velut illis Canidia
afflasset pejor serpentibus afris.　Lohenstein hat
auch noch ein mit vielen Noten erläutertes corpus
juris hinterlassen, welches sich noch im MS. befindet.

Friedr. Lucä, gebohren zu Brieg 1644, wo
sein Vater Joh. Lucä, der sich durch verschiedene
kleine dramatische Stücke bekannt gemacht hat,
Rector war, -- Hofprediger der Herzoge von Lieg=
nitz und Brieg, dann des Landgrafen von Hessen,
endlich Dechant zu Rotenburg an der Fulda in
Nieder=Hessen, und Mitglied des kayserl. histori=
schen Collegii, starb 1708.　Unter dem angenom=
menen

menen Namen Friedr. Lichtenstern gab er zuerst
die Schlesische Fürsten Crone heraus, ein Werk
welches voll Fehler war, weshalb auch Casp. Sommer seine Anmerkungen über Fr. Lichtensterns schlesische Fürstenkrone auf Begehren an einen guten
Freund, zu Weissenfels 1687. 8. heraus gab, in
welchen er über 300 Fehler rügte, die Lucä auch
hernach besserte, in Schlesien wurde die Fürstenkrone verboten, weil darinnen behauptet wurde,
daß der letzte Herzog aus dem Geschlechte Piasts
George Willhelm von den Jesulten vergiftet worden sey. 1689 erschien zu Frankfurt am Mayn
in 4. von einem Silesio curioso eine verbesserte Edition unter dem Titel: Schlesiens curiöse Denkwürdigkeiten oder vollständige Chronica von Ober-
und Nieder-Schlesien, in 7 Haupttheilen abge-
fertigt. Allein auch dieses Werk war voll Fehler,
die Ursachen lassen sich auch wohl sehr leicht erra-
then, denn auf der einen Seite war er zu weit von
Schlesien entfernt, und konnte nicht immer die
besten und sichersten Nachrichten einziehen, über-
dies war er reformirter Religion, und sah alles erst
durch das Glas seiner Vorurtheile an, -- auch der
simple natürliche Stil, der in der Chronik herrschte,
ist aus einem falschen Geschmak in den Denkwürdigkeiten verändert, wodurch der historische Glaube
nicht wenig verliert. Eine der besten Quellen,
woraus er schöpfte, war Joh. Heinr. Cunradi Silesi-
poliographia, welches er im MS. besaß, -- von
Schikfuß war er kein Freund, wie man aus manchen Stellen der Vorrede sehen kan. Lucä schrieb

außer-

außerdem noch den Uralten Fürsten-Saal, Uralten Grafen-Saal, europäischen Helikon, -- geist-
lichen Weltschlüssel; die verabschiedete Fontange,
unter dem Namen Florentin Leonhard vom hohen
Ufer; Abdalla Hefim oder der von Heiden zum
Christenthum bekehrte arabische Jüngling; Kir-
chen-Compaß für geistliche Pilgrime; den aufrich-
tigen Pietist; Oraniens Triumph- und Ehren-
Fahne.

Joh. Dan. Major, gebohren 1634. zu
Breslau, ein Sohn Eliä Majoris, (welcher als
Rector des ellfabeth. Gymnasii 1699 starb, und
Verfasser verschiedener Gedichte und andrer kleiner
Schriften ist.) und nachmaliger Professor der Medicin an der eben erst errichteten Universität Kiel,
schrieb: das bevölkerte Cimbrien; Schiffarth nach
der neuen Welt, ohne Schiff und Segel; deside-
rium de nummis rhedigerianis publico bono con-
tribuendis, cum brevi declaratione eorum, quae
in studio rei nummariae supplenda adhuc viden-
tur. Kilon. 1681. 4. memoriale anatomico-miscel-
laneum; considerationes physiologicas de cere-
bro et oculis; Epistola ad Abrah. Kittelium gra-
tulatoria; de Christo medico; de jejunio Christi; kündigte auch eine medicinam biblicam an,
starb aber darüber 1693.

Joh. Andr. Mauersberger, gebohren zu
Breslau 1649. starb als Pastor zu Panthenau, im
Briegischen 1693. Er ließ 1685 ein Einladungs-
schreiben drucken, welches an alle und jede Inn-
wohner des Herzogthums Ober-und Nieder-Schlesiens,

siens, wes Standes und Dignitäten sie seyn, so
etwas zu den schlesischen Denkwürdigkeiten beytra-
gen können, ergehen sollte. Allein, vielleicht
fehlte es ihm an Unterstützung, oder vielleicht gab
er selbst seinen Plan auf, weil bald nachher Lucä
Chronik herauskam, mit einem Wort, die ange-
kündigten Denkwürdigkeiten erschienen nicht. Auf-
serdem hat er sich noch als Dichter, durch verschiedene kleine Schriften bekannt gemacht.

Hieronymus Menzel, der Sohn eines Tuch-
machers in Schweidniz, gebohren 1517. — Seinen Vornamen hat er dem frommen Aberglauben
seiner Mutter zu verdanken, die während ihrer
Schwangerschaft im heiligen Hieronymus las, und
nichts mehr wünschte, als ein ähnliches Kirchen-
licht auf die Welt zu bringen. Er besuchte zuerst
die Schule seiner Vaterstadt, als aber 1528 eine
große Feuersbrunst in Schweidniz entstand, so gerieth sein Vater dadurch in sehr traurige Umstände, und zwang seinen Sohn, ihm in seinem Handwerk beyzustehen. 1531 war die Schule, welche
gleichfalls niedergebrannt war, wieder aufgebaut,
und nachdem er aufs neue einen vierjährigen Unterricht des dasigen ersten Lehrers M. Georg Wilhelm, genossen hatte, gieng er 1535 nach Goldberg
zu Trocendorf, dieser machte ihn zum Aufseher
über einige junge Edelleute, wodurch er verschiedene kleine Vortheile erhielt, nicht lange nachher
gab er ihm sogar eine Classe im Gymnasium, mit
einem Gehalt von 8 Gulden des Jahrs, wofür er
über die Aeneide und Melanchtons lateinische
Gram-

Grammatik lesen muste; Als er sich nun nach drey
Jahren 24 Gulden erworben hatte, bezog er 1539
die Universität Wittenberg, und hörte Luthern, Melanchthon und Bugenhagen. — Philipp empfahl ihn nach Leipzig an einen gewissen D. Bern-
hard Ziegler, der eine Erziehungsanstalt errichtete,
wo ihm 8 junge Edelleute zur Leitung übergeben
wurden. 1542 gieng er als Lehrer nach Eisleben.
1551 wurde er Magister zu Leipzig, und gleich
darauf Conrector in Eisleben, 1553 Prediger daselbst, 1560 General-Superintendent der Graf-
schaft Mansfeld, und starb 1590. Er hat einen
Bericht wider Spangenbergen, — desgleichen eine
kleine Schrift von der Erbsünde, und wie sich der
Christ im Streit mit ihr zu verhalten, so wie auch
verschiedene Briefe geschrieben, davon einige in
Kukfelds Leben Spangenbergs, nebst einigen Nachrichten von seinem Leben stehen.

Gottlieb Milich, kayserlicher Justizrath
in den Fürstenthümern Schweidniz und Jauer,
starb 1720 in einem Alter von 71 Jahr. Er besaß ein sehr schönes Münzcabinet, dessen Catalog
unter folgendem Titel erschien: Numismata aurea
et argentea, antiqua et nova; tam graecorum
regum et civitatum, quam romanorum, et
omnium fere germanorum imperatorum et
omnium totius Europae regionum et civitatum
per multos annos summo studio collecta. Am-
stelod. 1708. 4. pag. 57. fangen die schlesischen
Münzen an. Von ihm rühren auch noch folgende
Schriften her: Genealogia Suidnicensium Ducum,

cum, welche zuerst in den annal. Sil. pag. 50. un=
ter dem Titel bekannt gemacht wurde: von der Her=
zoginnen zu Schweidnitz und Jauer Ankunft und
Regierung, nebst einem Anhang: Altes Zeugniß,
daß Herzogs Bolko erste Gemalinn eine gebohrne
v. Hackeborn gewesen.

Ambrosius Moiban, Sohn eines Schu=
sters, gebohren 1494 zu Breslau, studirte in Cra=
cau, wurde zu Wien Magister der freyen Künste,
dann Professor der Philosophie zu Wittenberg, wo
er 1525 die Doctorwürde der Theologie annahm.
Er kehrte hierauf in seine Vaterstadt zurück, führte
bey der Elisabethkirche die Reformation ein, und
wurde erster Prediger bey derselben, hatte auch die
Aufsicht über die Schulen, in denen er selbst Un=
terricht ertheilte. Moiban würde in diesem Ge=
schäft nicht so glücklich gewesen seyn, wenn eben
ein andrer als Joseph v. Salza Bischof gewesen
wäre, der aus menschenfreundschaftlicher Toleranz
ihm nicht die geringsten Hindernisse in den Weg
legte, so sehr ihn auch die katholische Geistlichkeit
aufzubringen suchte. — Nach einem Zeitraum
von 29 Jahren, den er als Lehrer in Breslau zu=
gebracht hatte, starb Moiban 1554. Frömmigkeit,
Gelehrsamkeit und Mäßigung waren 3 charakteri=
stische Züge in seinem Bilde. Luther, Melanch=
thon und Camerarius waren seine engsten und ver=
trautesten Freunde. Schriften von ihm sind:
Enarratio Psaltⁱ. XXIX de voce Dei; explicatio di-
cti Christi: Ite in mundum universum, — ca-
techismi capita X. colloquiis illustrata, una cum
ora-

oratiuncula latina puellae de nativitate Chrisli. — Abhandlung über die Frage: Ist es recht, den Kindern das heilige Abendmal mitzutheilen! —

Johann Moiban, Sohn des vorigen, gebohren zu Breslau 1527. Seine ersten Lehrer waren der nachmalige kayserliche Rath, Anton Carchesius und Jerem. Venatus, von denen er in der griechischen Sprache, in der Poesie, Musik und Arithmetik unterrichtet wurde; zum Zeichnen hatte er ein eignes natürliches Talent, und brachte es darinnen ohne alle Anweisung zu einer nicht geringen Fertigkeit. Er studirte 5 Jahr zu Wittenberg, und wurde daselbst Magister Philosophiä, Melanchthon schickte ihn nach Nürnberg als Hauslehrer eines gewissen D. Geider, wo er den berühmten Arzt und Botaniker D. Cornel. Sittard aus Cöln, kennen lernte, und in seinen Nebenstunden griechische und lateinische Verse schrieb. Er besuchte hierauf die Universitäten zu Padua und Bologna, kam 1555. nach Amberg zurück, blieb hier bis 1558. wo er sich zu Augsburg niederließ, eine Uebersetzung von Dioscoridis εὐπορίϛων herausgab, und 1562 starb. —

Joh. Möller, aus Lüben, D. Med. und Physicus zu Trachenberg, starb. 1627. Verfasset folgender Schrift: historiae Ducum Lignicensium, quatenus a Piasto, stirpis eorundem antiquissimae et illustrissimae auctore, usque ad haec nostra secula, primum Polonis et Silesiis simul, tandem Lygiis tantum, continuata successionum

serie,

serie, imperarunt, lib. III. carmine elegiaco adornati. Glogov. 1621. 4. sumptibus auctoris.

Jakob Monau, aus einer Patrizischen Familie, gebohren zu Breslau 1546. studirte zu Leipzig unter Joach. Camerarius und Victorin Strigelius, welchem letztern er nach Heidelberg folgte, — that eine Reise durch Italien, Frankreich und Holland, und ohngeachtet viele Fürsten, z. E. der Landgraf Wilhelm von Hessen, und Christian I, Churfürst von Sachsen, sich um ihn bewarben, so gieng er doch lieber in sein Vaterland, wurde Rath des Herzogs Joach. Friedrich von Liegnitz und Brieg, machte sich um die Einführung der Reformation sehr verdient, schrieb 3 Bücher Gedichte auf sein Symbolum: ipse faciet, und starb zu Breslau 1703. —

Peter Monau, in derselben Patrizischen Familie zu Breslau gebohren 1551. — Einer der gröften Philosophen, Aerzte und Philologen seines Zeitalters, nahm 1578 zu Basel die Doctorwürde an, wurde Leibarzt Kayser Rudolph II, und starb in der Blüte seiner Jahre 1588. zu Prag.

Joh. Montanus, Arzt zu Striegau, entdeckte die nachher so berühmte besiegelte Erde daselbst, und machte seine Entdeckung in einer lateinischen Abhandlung öffentlich bekannt, starb 1604.

Johann Mözler, wurde zu Breslau ums Jahr 1500 gebohren. Seine Eltern, die aus Ungarn dahin gekommen waren, starben beyde in seiner zartesten Kindheit. Er gieng mit Richard Crocus Britanus, der die griechische Sprache zuerst

erst in Deutschland öffentlich lehrte, nach Leipzig, -
hielt auch selbst Vorlesungen über griechische Clas-
siker, war ein fleißiger Zuhörer Joach. Camerarii,
und wurde bey seiner Zurückkunft Capitain und
Rathmann in Breslau. Er war ein großer Freund
der Schulen, kam fast alle Tage aufs Elisabeth.
Gymnasium, und las über den Demosthenes, Plu-
tarch und Cicero, und weder die dringendsten Ge-
schäfte, noch das Podagra, woran er besonders
in den lezten Jahren dergestalt litte, daß er sich in
einem Stuhl auf das Rathaus tragen lassen muste,
konnten ihn davon abhalten. Terenz war sein Lieb-
lingsdichter, von dem er sich selbst bey Tische nicht
trennen konnte. Er starb 1538. und schrieb außer
einer griechischen Grammatik noch libellum Plu-
tarchi de liberorum educatione, cum epistola de-
dicatoria et praelectione. — Versionem quarun-
dam Demosthenis orationum; annotationes in
Ciceronem de senectute.

Johann Müller, gebohren zu Breslau
1598. — war in verschiedenen Häusern Privatleh-
ter, gieng 1618 nach Wittenberg, wurde das folgende Jahr Magister, — besuchte Leipzig auf einige Zeit, kam aber bald wieder nach Wittenberg,
und las zuerst über die Philosophie. 1621 wurde
er Professor der Moral, 1624 Doctor der Theologie, und 1627 Pastor primarius, Senior ministe-
rii, und Inspector der Kirchen und Schulen zu
Hamburg. Mit den beyden Prinzen Friedrich und
August von Braunschweig, dem Churfürst Christian Wilhelm v. Brandenburg, dem Herzog Friedrich

drich v. Hollſtein und dem Churfürſt Adolph Friedrich von der Pfalz, ſtand er in einem ſehr engen
und vertraulichen Briefwechſel.　Eben ſo dankte
ihm Friedrich III von Dännemark eigenhändig und
ſehr verbindlich für die Dedication einer ſeiner
Schriften, Iudaiſinus betitelt, und Guſtaph
Adolph von Schweden, verſicherte ihn bey jeder
Gelegenheit ſeiner Gnade.　Er ſtarb 1673. und
ſchrieb: admonitionem de vitanda doctrina pon-
tificia; refutat. objectorum pontificiorum, quibus conantur lutheranam doctrinam reddere ſu-
ſpectam; lib. de ſacrificio miſſae pontificio vi-
tando; Defenſionem Lutheri contra Carol. Creu-
zium, ſoc. Ieſu Theol. — de Quakerorum religione et impietate; — Iudaiſmum; Anabapti-
ſmum; Atheiſmum devictum; admonitionem
de cavendo libro Eliae Praetorii; probationem
ſpiritus praetoriani; confutationem cominenti
humani, de humani generis majori parte aeter-
nae damnationi ex deſtinato divino addicta.

Orius Manker, aus einem alten ſchleſiſchen
Geſchlecht v. Oppe, im Oppelnſchen Fürſtenthum
zu Ende des 13ten Jahrhunderts gebohren, wurde
1320 Biſchof zu Cracau, dann Biſchof von Breslau, und ſtarb zu Neiß 1341.　Er hat conſtitu-
tiones eccleſiaſticas geſchrieben, von denen ſich das
MS. noch jezt in Cracau befindet, die aber erſt
1585 vom Biſchof Marthius herausgegeben worden
ſind. —

Ephraim Ignatius Naſo v. Löwenfels,
wurde zu Bunzlau zu Anfang des vorigen Secull

B. v. Schl:　　　　　　F　　　　　ge-

gebohren, sein Vater, der eigentlich Salomo Schröter hieß, und aus Lauban gebürtig war, nannte sich Jonas Naso, und starb als Burgermeister zu Schweidniz, wo er vorher Rector gewesen war. — Sein Sohn war Anfangs Stadtrichter eben daselbst, wurde hierauf Concipist bey dem Oberamt in Breslau, — vom Kayser gekrönt, und zum Ritter von Löwenfels erhoben, starb 1680. Anzeige seiner Schriften: discursus politicus seu familiaris Prodromus novorum Chronicorum Silesiae. Vratisl. 1665. 4. welches weiter nichts als eine Compilation aus Rappoldi historia de ducatu Silesiae ist. — Phoenix redivivus ducatuum Suidnicensis et Iavoriensis, ist eine Beschreibung der vornehmsten Begebenheiten und Merkwürdigkeiten der beiden Fürstenthümer Schweidniz und Jauer, in lateinischen Versen. Monumentum historico-panegyricum, tam antiqui, quam gloriosi stemmatis, equitum, baronum et comitum et S. R. I. Principis de Herberstein. Vratisl. 1680.

Mich. Neander, gebohren zu Sorau 1525. nennt sich aber bey jeder Gelegenheit einen Schleſier, wurde Rector zu Nordhausen, hatte zu Wittenberg studirt, und starb 1595. als Rector des Gymnasii zu Ihlefeld, welches durch ihn sehr in Aufnahme kam. Als Schriftsteller ist er durch folgende Werke bekannt: Orbis terrae partium succincta explicatio, die dritte Edit. erschien zu Lipzig 1589. 8. und nach seinem Tode wurde sie noch einigemal aufgelegt. — Die Geographie selbst ist von geringer Bedeutung, allein die Nach-

rich-

richten von Schlesien, schlesischen Schriftstellern, und von seinem eignen Leben, die in demselben enthalten sind, machen es merkwürdig. Erothemata linguae graecae, cum eleganti praefatione; grammatica graeca; astrologia pindatica; gnomologia e Stobaeo confecta; sententiae theologicae insigniores; Theocryti Idyllia graeco-latina cum argumentis; Lycophron graeco-latinus; Appollonius graeco-latinus; sententiae selectae ex graecis autoribus gentilibus; Protevangelium d. Iacobi minoris et Dialogus Christiani cum Iudaeo, ex Suida e graeco translatum; phraseologia Isocratis graeco-latina; de re poetica graecorum; theologia Magalandri, Lutheri; Bernhardi et Tauleri. Coluthi raptus Helenae; Thryphiodorus de Trojae excidio; Moschi et Bionis idyllia latine; apophthegmata graeco-latina; physica; Ethica; Rhethorica; argonautica, thebaica, iliaca; poetica graeca auctoris anonymi cum notis et marginalibus.

Benjamin Neukirch, gebohren 1665 zu Reinike, starb 1729 zu Anspach als marggräflich brandenburgischer Hofrath. Gottsched hat seine Gedichte gesammlet, und nebst einer Lebensbeschreibung des Dichters 1744 herausgegeben. Seine Briefe sind ohne Geschmack, ohne Gefühl und Weltton, und seine Eklogen und poetische Uebersetzung des Telemachs, verrathen wenig Dichterfeuer.

Caspar Neumann, ein bekannter Ascete, gebohren zu Breslau 1648. Anfangs war er zur

F 2   Apo-

Apothekerkunst bestimmt, nachher aber studirte er
Theologie zu Jena, wurde Reiseprediger des Herzogs v. Eisenberg, 1678 Diaconus bey der Mar.
Magdal. Kirche in Breslau. 1697 Pastor zu
Elisabeth, Inspector, Professor der Theologie am
Gymnasio und Beysitzer des Consistorii, 1706 ernennte ihn die königl. preussische Akademie der Wissenschaften zu ihrem Mitgliede, starb 1715. Seine Gelehrsamkeit, Rednertalente, und rechtschaffener Character sind allgemein bekannt, und seine
Schriften werden in einer gewissen Menschenklasse,
für die sie ganz geschrieben sind, noch lange nützen,
und das Andenken ihres Verfassers erhalten. 1698
erschienen zu Leipzig seine Trauerreden, — nicht
lange hernach eine andre Sammlung von Predigten, mit der Aufschrift: Gesammelte Früchte.
Sein Kern aller Gebete ist in jedermanns Händen,
und hat das seltne Glück gehabt, nicht nur in alle
europäische, sondern auch in verschiedene auslän-
dische Sprachen übersetzt worden zu seyn. Er
fieng auch ein hebräisches Lexicon, unter dem Titel: Exodus linguae sanctae an, welches aber
nachher in Stecken gerieth, — und schrieb außerdem noch: Bedenken von denen betenden Kindern
in Schlesien; Eine Postille, unter dem Titel: Licht
und Recht; Anmerkungen zu Sturms Gedanken,
über das heilige Abendmal — disp. de dispensa-
tione circa legem naturae; epistolam de scientia
literarum hieroglyphica; Bigam difficultatum
Physico-sacrarum; clavem domus Heber; de
pun-

punctis Hebraeorum literariis; Genesin linguae sanctae, trutinam religionum. etc.

Anton Niger, gebohren zu Breslau, studirte zu Erfurt unter Cordius, Eobanus, Megabach und Nordek, gieng hierauf nach Marpurg, läs über die griechische Sprache, und eröfnete daselbst das erste Collegium über die Kirchengeschichte; nachher fiel es ihm ein, Medicin zu studiren, er reiste deshalb nach Padua 1536, wurde daselbst Doctor, und starb zu Braunschweig 1555. Schriften: de sanitate tuenda libellus; grammatica graeca; de erroribus et abusibus propter quos medicina infamata, Tr. Versio Psalmorum quorundam in versus graecos.

Dominicus de Nissa, ein Franciskanermönch aus Neiße, in der Mitte des vorigen Jahrhunderts — er verstand beynahe alle morgenländische, ausgestorbene und noch lebende Sprachen, wurde als Mißionair auf einige Inseln in Ostindien geschickt, und bey seiner Zurückkunft als Professor der arabischen Sprache bey dem Collegio de propaganda fide angestellt. — Philipp IV von Spanien, berief ihn endlich als Aufseher der königl. Bibliothek, nach Escurial, wo er in einem hohen Alter starb.

Martin Opiz, gebohren 1597 zu Bunzlau, wo sein Vater Rathmann war, er genoß den ersten Unterricht von seinem Onkel, Christophorus Opiz und von Valentin Sanftleben, gieng alsdenn auf das Gymnasium zu Mar. Magdal. in Breslau, wo eben Joh. Höckelshausen Rector war,

F 3

war, durch deſſen Empfehlung er Hauslehrer bey
einem gewiſſen D. Bucretius wurde, — beſuchte
ferner das Gymnaſium zu Beuthen, — wurde
nicht lange hernach Erzieher eines jungen Herrn v.
Schwanenſee in Briegſchüz, bezog die Univerſitäten Frankfurt und Heidelberg, wo ihm die Söhne
des Pfalzgraf George Michael Lingelsheim, anver-
traut wurden, wurde mit Janus Gruter bekannt,
der ihm freyen Gebrauch ſeiner Bibliothek erlaubte,
und ſtiftete eine enge Freundſchaft mit Caſp. Bar-
thold Julius Zinggräf, der ſich durch eine Sammlung deutſcher Räthſel bekannt gemacht hat, mit
Janus Gebhard, nachmaligen Profeſſor der Geſchichte zu Gröningen, und mit Balthaſar Vena-
tor, nachherigem Rathe des Fürſten von Pfalz-
Zweibrücken. Bernegger's Ruf, zog Opizen nach
Strasburg, — nachdem ſich dieſer einige Zeit dort
aufgehalten, und Bernegger ihm vorhergeſagt
hatte, daß er einſt der deutſche Virgil werden würde, gieng er über Tübingen wieder nach Heidelberg
zurück, weil aber damals die böhmiſchen und pfälziſchen Unruhen entſtanden, ſo verließ er es nicht
lange hernach, und reiſte mit einem däniſchen Edelmann nach Holland und Hollſtein, und ſchrieb auf
dieſer Reiſe ſein Buch von der Beſtändigkeit, welches er aber nicht eher als kurze Zeit vor ſeinem Tode öffentlich bekannt machte. Als Ferdinand II
dem liegniziſchen Herzog George Rudolph die Statt-
halterſchaft über Schleſien übertrug, begab ſich
Opiz an deſſen Hof, — folgte aber bald nachher
einem Rufe nach Carlsburg in Siebenbürgen, wo
der

der Fürst Gabriel Betlem eine Academie errichtete, — und las über den Horaz und Seneca. Allein allerley Cabalen, welche der Neid über die
Gunst, in der er beym Fürsten stand, erregten,
verbitterten ihm seinen dortigen Aufenthalt; er beschäftigte sich indeß mit Aufsuchung alter Inschrif-
ten und Denkmäler, die ihm über den Ursprung der
alten Dacier, die Niederlage des Königs Dece-
bal, die Siege Trajans, und dessen dahin geschickte
Colonien, einigen Aufschuß geben konnten, und
theilte seine gemachten Entdeckungen Grutern, Gro-
tio und Berneggern mit. Zulezt nöthigte ihn die
dasige Luft, die auf seinen Körper einen unange-
nehmen Einfluß zu haben schien, um seine Entlassung zu bitten, und wieder nach Schlesien zurück-
zukehren. Er beschäftigte sich nun ganz mit Ausarbeitung seines Werks: Dacia, brachte auf Befehl des Herzogs von Liegniz, die Sonn- und Fest-
tags-Episteln in Reime, welche Gandemela, ein
französischer Tonkünstler auf Musik sezte; besuchte
seine Vaterstadt, und besang sie in verschiedenen
Gedichten, so wie auch in der Vorrede seines
Werks; Germania, reiste nach Sachsen, um seinen Freund Buchner zu sehen, besuchte den churfürstl. sächsischen Hof, kam dann wieder nach Liegniz, und begleitete Caspar Kircher, welcher an
den kayserl. Hof abgesandt wurde, nach Wien. --
Nachher führte er ein unstätes flüchtiges Leben, war
bald in Breslau, bald in Liegniz oder Brieg, und
wurde endlich auf Kircher's Empfehlung Secretair
bey dem Bar. v. Dohna. Dieser brauchte ihn zu

F 4　　　　vie-

vielen Gesandtschaften und andern wichtigen Geschäften. Opiz begleitete ihn nachher auch ins Lager, fand aber bald einen Widerwillen an dem kriegerischen Leben, zog sich daher in eine gelehrte Einsamkeit zurück, arbeitete fleißig an seinem Werk über Dacien, und füllete die Erholungsstunden mit Dichten aus. Er reiste hierauf durch ebengedachten Baron von Dohna unterstützt, nach Paris, und lernte hier Hugo Grotius persönlich kennen, mit dem er schon lange in einem vertraulichen Briefwechsel gestanden hatte, und welcher ihn in den Zirkel der damaligen ersten und besten Köpfe in Paris einführte, die sich gewöhnlich in einem dazu bestimmten Hause versammelten, und in lateinischer Sprache über die vorzüglichsten litterairischen Vorwürfe unterhielten. Mit einem Schatz von seltenen Manuscripten und Münzen, kehrte er endlich wieder zu seinem Freund Dohna zurück, als dieser aber während eines Feldzuges zu Prag, am Fieber starb, so begab er sich nach Danzig, wo er von Nigrino, einem reformirten Theologen, dem polnischen Generalfeldmarschall v. Dönhof empfohlen wurde, durch dessen Vorsprache der König von Polen ihn zu seinem Secretair und Historiograph, ernannte. Er starb zu Danzig an der Pest, in dieser Würde, auch als kaiserlicher Poet, und Herr v. Boberfeld, wozu ihn der Kaiser erhoben hatte, im ehelosen Stande 1639. Die erste Ausgabe seiner Schriften, veranstaltete Zinggräf 1624 zu Strasburg. Die neuste classische von Bodmer und Breitinger, Zürch 1745, ist durch die unnütze

Tri-

Trillersche, die wegen den darinn eingeschalteten
eigenmächtigen Veränderungen nicht zu empfehlen
ist, verdrängt, nur bey dem ersten Theil stehen
geblieben. Die Amsterdamer von 1646 bleibt also
immer noch die beste. Anzeige seiner Schriften:
von der Beständigkeit. Opera poetica; Vesuvius,
poema; prosodia germanica; Iudith cum Mu-
sica Andreae Tscherningen; Lob des Feldlebens;
Gedanken bey der Nacht, als er nit schlafen kun-
te; Dacia, woran er 16 Jahr arbeitete; Psalterium Lobwasseri; Sylvae; Epigrammata; von
der Welt Eitelkeit, aus dem französischen übersezt;
Nympha Hercinia; Uebersetzung von Hugo Grotius, Vertheidigung der christlichen Religion; von
Ioh. Barclaii Argenis; Hymnus de S. Annone
cum commentario. Opitz ist derjenige, dem
Deutschland nach dem Reformator Martin Luther,
die Bildung seiner Sprache, und den Gebrauch
derselben in der Poesie, vorzüglich zu verdanken hat;
man nennt ihn mit Recht, den Vater der deutschen Dichtkunst. Durch ein glückliches Studium
der alten classischen, und der neuen kritischen Schriften, durch persönliche Bekanntschaft und Briefwechsel mit den aufgeklärtesten Köpfen, seiner Zeit,
Hugo Grotius, Heinsius, Salmasius, Gruter,
Freher, Goldast, Hotomann, Pareus u. s. w. so
wie durch den Umgang mit Leuten, aus der großen
Welt, hatte er einen Schatz von classischer Litteratur, Kritik, Geschmack, und die den deutschen Gelehrten, so oft mangelnde Weltkenntniß und Feinheit
erlangt. Er fühlte das wesentlich Erhabne in der

F 5 Dicht-

Dichtkunst. Seine Prosodie enthält die Regeln
über den Bau des Verses, und seine Gedichte sind
Beyspiele und Anwendungen dieser Regeln, in der
deutschen Sprache. Diese wurde von ihm nach
seinem eignen Ausdruck von dem eingemengten
fremden Wesen der Ausländer gereinigt,
mit theils neu gemachten, theils hervorgesuchten
alten deutschen Wörtern, Wendungen und Zusam-
mensetzungen bereichert. Z. E. die Nacht: die
Arbeitströsterin, die Kummerwenderin, die
Kriegsblutdurstige Bellona, der Nordwind:
Meeraufreitzer, der Wind, Wolkentreiber.
Er drang auf die Verbannung ausländischer Wörter, aus der deutschen Sprache, und behauptete,
daß nur wenige derselben nicht durch gleichbedeu-
tende reine deutsche Wörter ersezt werden könnten;
In seinen Gedichten sind wenig Wörter aus fremden Sprachen, wo nicht die Sache selbst fremd ist.
Es ist kein leichtes Verdienst, die den Sachen
entsprechenden Benennungen in einer Sprache zu
finden und zu übertragen, wenn man an die
fremde Benennung gewohnt ist. Opitz verbannte
in den Versen die unreinen Reime, die Verwerfung der natürlichen Construction, die Härte der
Wörter, die Flikwörter zu Ausfüllung der Füße,
und vor allen Dingen die Ausdehnung der Gedanken in mehr Worten, als zum Ausdruck nöthig
sind, fast jede Zeile seiner Verse schließt einen
Sinn ein, selten wird selbiger bis in die dritte ge-
schlept. Selten bemerkt man, daß ein ander Wort
statt des Reims da stehen sollte, und selten ist ein
Vers

Vers so leer, daß selbiger ohne dem Sinn zu
schaden, wegbleiben könnte. Da die Quantität
der Silben in den deutschen Wörtern nicht wie im
lateinischen und griechischen festgesetzt ist, so war
Opiz desto aufmerksamer auf den Accent und Nachdruck des Tons der Worte, ein Vortheil, den die
Römer dem Zwange der Quantität aufopfern mu-
ßen; denn selten treffen bey ihnen die emphasis des
Accents, und die Länge der Silben zusammen,
der deutsche Dichter hat nach Opiz keine Entschul-
digung mehr, wenn es ihm eben so geht. Kurz
Opiz lehrte die Deutschen, daß es eine Kunst ist,
deutsche Verse zu machen, und daß diese Kunst
nicht leicht sey, ist daraus schon abzunehmen, weil
Opiz ohngeachtet der Menge Reimer seines Jahrhunderts alle folgende Dichter desselben eben so
weit hinter sich gelassen, als er sich über die vor-
hergehenden und gleichlebenden emporgeschwungen
hatte; man muß seine Gelehrsamkeit bewundern,
noch mehr aber, wenn er mit seinen Zeitgenossen
verglichen wird, seinen aufgeklärten und von den
Vorurtheilen der Zeit befreyten Kopf. Der Natur-
forscher findet in seinem Gedicht Vesuv alles was
von diesem fürchterl. Vulcan historisch bekannt ist,
und physisch gesagt und vermuthet werden kann.
Zlatna oder die Ruhe des Gemüths ist ein einneh-
mendes, moralisches und mahlendes Gedicht. In
der Nymphe Hercinie wird über Geister, Berg-
männchen, Erscheinungen und Hexereyen auf lu-
cianische Art gespottet; man würde vor 70 Jahren noch denjenigen einen verwegnen starken Geist
genannt

genannt haben, der über dergleichen Dinge lachen
kan. Auch scheint Opiz dem Verdacht des Un-
glaubens bey seinen orthodoxen Zeitgenossen nicht
ganz entgangen zu seyn, ob er gleich Psalme und
geistliche Gesänge gemacht hat. So gewöhnlich
ist es, daß man dem, der keinen Aberglauben
hat, auch keinen Glauben zutraut. Lohenstein
ließ zur Wiederlegung dieser Nachreden einen lateinischen Brief drucken, welchen der Prediger Niclas
zu Danzig, wo Opiz starb, an dessen Freund Müß-
ler zu Brieg geschrieben hatte, worinn dieser Geistliche bezeugt, daß Opiz nach der von ihm erhalte-
nen Zubereitung eines ächt christlichen Todes gestorben seyn. —

Carl Ortlob, gebohren zu Oels 1626, studirte zu Wittenberg, war nachher Herzogl. Oelsnischer Hofprediger, und starb als Pastor Primarius an der Elisabeth-Kirche in Breslau, und
Beysitzer des Consistorii 1678. Außer einer Menge
Predigten, ist er auch Verfasser von den gottseeli-
gen Betrachtungen in Versen, der Enaeniorum
Salomonaeorum, und verschiedener Disputatt.
de variis Germanae poeseos aetatibus, de sole;
de cruce Christi; de sepulcro Christi; de apari-
tionibus Daemonum; de monte olivarum, de
ritu jejuniorum, etc. Sein Sohn Joh. Friedrich, der 1661 zu Breslau gebohren wurde, zu
Frankfurt und Leipzig studirte, — eine Reise durch
England, Holland und Frankreich that, starb
1700 als königl. pohlnischer und chursächs. Leibarzt
und Professor der Anatomie und Physiologie zu
Leip-

Leipzig, und hinterließ außer verschiedenen Disputatt. eine historiam partium et oeconomiae humani corporis.

Johann Otto, gebohren in der Mitte des 14ten Seculi zu Würtenberg, studirte und lehrte zu Prag, gieng 1409 auf die neu errichtete Universität Leipzig, wurde daselbst Professor der Theologie, erster Rector der Academie, auch Canonicus zu Meißen, und stiftete das Collegium bonae virginis zu Leipzig, schrieb Orationes ad Clerum; quaestiones magisteriales; Commentarium veteris Logicae; commentarium in proprietates logicas; lib. IV. in Petri Lombardi sententias und starb zu Leipzig 1416.

David Pareus, gebohren zu Frankenstein 1548. Er hieß eigentlich Wengler, der Rector Schilling in Hirschberg aber taufte ihn um und nannte ihn Pareus; Eben derselbe nahm ihn nachher mit nach Heidelberg, wo er in das churfürstl. Collegium aufgenommen wurde, und den D. Ursinus, Zanchius, Tremellius und Boquinus hörte. Er wurde hierauf beydes Prediger und Schulmann in Heidelberg, und starb als Professor und Doctor der Theologie, Director des churfürstl. Collegii und Beysitzer des Kirchen-Raths daselbst 1622. Seine Schriften sind unter folgenden Titeln erschienen: Oratio de Synodo Dordracena; de fide haereticis servanda; de statu quinquagenario palatinae ecclesiae; de pace et unione ecclesiarum evangelicarum. Tr. de Eucharistia. 8. Chronologia sacra edita a suo filio Philip. Pareo; lib.

lib. IV. exercitationum philosophicarum et theologicarum. 8. Corpus doctrinae christianae ecclesiarum a papatu reformatarum, continens explicationes catecheticas D. Zachar. Ursini. 8. Notae in Symbolum Athanasii; Catechesis religionis christianae; Calvinus orthodoxus, oppositus pseudo-Calvino judaizanti; Thesaurus biblicus; expositio et vindicatio 35 locorum difficillimorum sacrae scripturae; Commentarius in S. Matthaeum; in epistolam Iacobi, Petri, Iudae; in Iohannis Apocalypsin; in Genesin; in epistolam paulinam ad Romanos, welchen König Jacob der erſte wegen einigen Ausfällen auf die engliſche Regierung öffentlich verbrennen ließ. Miscellanea catechetica; Irenicum, sive de Unione et Synodo evangelicorum concilianda; de potestate ecclesiastica et civili; propositiones theologico-politicae; Summariſche Erklärung der wahren katholiſchen Lehre, ſo in der Churpfalz und andern vom päbſtlichen Sauerteig geſäuberten Kirchen geübt wird. 8. Decuria collegiorum theologicorum, quibus universa theologia orthodoxa et omnes theologorum explicantur controversiae. 8.

Joachim Paſtorius von Hirtenberg, gebohren zu Glogau 1610, Doctor der Philoſophie und Medicin, zuerſt Profeſſor und Rector am Gymnaſio zu Elbing, dann Profeſſor der Geſchichte zu Danzig, trat zur Römiſchen Kirche über, wurde Pronotarius apoſtolicus, Canonicus zu Culm, Dechant von Wermeland, parochus und officii-

officialis zu Danzig, königlicher Historiograph,
Secretair, und Commissair, und starb zu Frauen-
berg in Preußen im Jahr 1681, in einem Alter
von 71 Jahren. Einer der gelehrtester Männer
seines Zeitalters, Geschichtschreiber, Redner und
Dichter, von dem folgende Werke herausgekommen sind: Tacitus germano - belgicus aulicus in-
culpatus; palaestra nobilium; vita Theodosii M.
vita Ioh. Crellii; bellum scythico - cosacicum;
Florus polonicus, ist ein Auszug aus Cromers
Geschichte von Pohlen; dissertatio philologica
posthuma de originibus sarmaticis, die sein Sohn
nebst seiner pohlnischen Geschichte, Danzig 1685. 8.
bekannt machte.

Christian Pauli, gebohren 1625 zu Klein-
Gafron, zuerst Prediger bey der St. Petri Kirche
in Danzig, und seit 1671 Oberhofprediger und
Superintendent des Herzogs Christian von Brieg;
Als dieser 1675 starb, wurde die Kirche verschlos-
sen, und Pauli verwiesen, der zu Altona als Prediger der reformirten Gemeine 1696 starb. Schriften: Neues geistliches Jahr-Buch; Augen-Salbe
wieder die Quäker; Hellklingender Wiederschall wieder die Quäker; Anti-Botsaccus; Erstlinge des
Geists in 7 Predigten; Anleitung wie die Reformirten sich der Augsburgischen Confession nicht
begeben dürfen; Ueberzeugung von der Nichtig-
keit des Beweises lic. Anton Reisers, daß die
Reformirten sich der Augsburgischen Confession
nicht annehmen können; Ungegründete Hofnung
von Christi Reich auf Erden.

M. Chri-

M. Christoph Pfeiffer, aus Oels, in der ersten Hälfte des jezigen Jahrhunderts. Prediger zu Dittmannsdorf, dann zu Stolzen im Münsterbergischen, und Verfasser folgenden Werke: Paproczkius enucleatus oder Kern und Auszug aus dem sogenannten mährischen und Geschlechts-Spiegel Barth. Paproczki, welcher aus dem polnischen von Joh. Woditschka Böhmisch versetzet, und endlich von einem vornehmen Gelehrten als ein deutsch MS. besorgt worden, seiner Vortreflichkeit und Rarität wegen in compendio mitgetheilt, und mit einigen Zusaz vermehrt. Breslau und Leipzig 1730. 4. Nachher erschien es 1741 in 4 unter einem veränderten Titel: Compendiöser Schauplaz des ehemaligen alten Adels in dem benachbarten Marggrafthum Mähren, aus bewährten und glaubwürdigen Documenten eruirt, und allen Liebhabern Genealogischhistorischer Merkwürdigkeiten zu so nöthigem als nüzlichem Gebrauch der in diesem Seculo besonders Florierender Geschlechter Historie mitgetheilt von M. C. P. Beydes der Paproczki als sein Uebersezer Woditschka befindet sich auf der Mar. Magdal. Bibliothek, -- und sind wegen ihrer Seltenheit wahre Zierden derselben.

Johann Philippi, gebohren zu Liegniz 1607, besuchte zuerst die Stadtschule daselbst unter dem Rector Kemme und Con-Rector Leonh. Baudis, und war zugleich Gesellschafter eines jungen Herrn von Zedliz. 1622 gieng er nach Breslau, auf das Elisabeth. Gymnasium, wo M. Pollio und Elias Major

Major feine Lehrer waren, 1624 bezog er die Uni=
verfität Leipzig, ftudirte unter Schneider, Cor=
vin und Müller Philofophie, und unter Finkel=
thaus, Schmucius, Böhm, Golniz und Lindner
die Rechte. 1631 berief ihn der Herzog von Lieg=
niz zur Erziehung eines jungen Bar. von Reichen=
berg zurück, und bis zum Jahr 1635 unterrichtete
und führte er noch 25 andre junge Edelleute, fo
daß fie nachher die wichtigften Bedienungen im
Staat bekleiden konnten. 1636 begleitete er 2 junge
Herren von Stentfch und einen von Dyren nach
Leipzig, und hörte hier den berühmten Schacher;
1637 führte er fie nach Jena, wurde dafelbft Do=
ctor der Rechte, — kehrte nach Leipzig zurück,
wurde Beyfitzer des Confiftorii, 1648 Rath und
Scabinus, 1651 Pfalzgraf, 1652 Rector der Uni=
verfität, und ftarb 1674. Er fchrieb: Ufum
practicum inftitutionum Iuftin. 4. tractati. de
fubftantiationibus. 4. Obfervatt. ex decifionibus
Elect. Sax. 4. Confiderationes juridicas in pro=
ceffum judiciarium faxonicum. 4. Difputat. de
obligationibus in genere; de carceribus; de cu=
ratione bonorum; de eo quod intereft. etc.

Bartholomäus Pitifcus, gebohren zu
Schlaume bey Grünberg 1561, erhielt den erften
Unterricht von dem dafigen Prediger Andr. Car=
chefius; ein benachbarter Edelmann, dem er em=
pfolen wurde, fchifte ihn alsdenn nach Grünberg,
wo er fich durch feinen Fleiß ganz befonders aus=
zeichnete; 1579 gieng er nach Breslau, und wurde
bald nachher Hauslehrer dafelbft. 1583 fchifte

B. v. Schl. G ihn

ihn eine gewiſſe Frau von Bergk nach Zerbſt, wo
Wolfgang Amling lehrte; 1584 bezog er Heidelberg, wurde daſelbſt Magiſter, und Lehrer des
Prinz Friedrich des vierten von der Pfalz, — nicht
lange darauf Hof-Caplan, und 1594 Hofprediger
des Churfürſt Friedrich des vierten. Er ſtarb 1613
zu Heidelberg, und hinterließ: librum pro re-
formatione eccleſiarum Anhaltinatus; confeſ-
ſionem fidei, und 5 Streitſchriften gegen die Wür-
temberger Theologen.

Nicol. Pohl, geboren zu Breslau 1564,
ſtudirte zu Wittenberg, ſtarb als Archidiaconus
der Mar. Magdal. Kirche daſelbſt 1632, und
ſchrieb: Hemerologicum Sileſiacum vratislavienſe, oder Tagebuch allerley fürnehmer wahrhaftiger gedenkwürdiger Hiſtorien, ſo fürnemlich
in Breslau, der Hauptſtadt auch ſonſt etlichen andern Orten im Fürſtenthum Schleſien ſich begeben, auf gewiſſe Tage, Monate und Jahre aus
vielen alten und neuen geſchriebenen und gedruckten
Chroniken ꝛc. ordentlich geſtellet. Leipzig 1612. Fol.
Man findet darinn nicht nur eine vollſtändige Geſchichte von den ſchleſiſchen Fürſten, und Schleſien überhaupt, ſondern er nimt auch ganz beſonders auf die Litterair-Geſchichte von Schleſien
Rückſicht, und was Breslau betrift, ſo iſt dies
Werk ein wahrer Schatz guter Nachrichten. Annales Vratislavienſes ab anno 965 usque ad ann. 1623,
er handelt darinn vorzüglich von der Einführung
des Chriſtenthums in Schleſien, das MS. befindet ſich auf der Neapolitaniſchen Bibliothek in
Bres-

Breslau. Historia incendiorum Vratislaviae 1629. 4. Von des Landes Schlesien Resir, Gränzen, Abtheilung, Fürstenthümern, Städten, Flüssen, und Heil-Wässern, Bergen, Fruchtbarkeit, Trank und Regierung. — Historiam nivalem.

Amandus Polanus von Polandsdorf, wurde 1561 zu Troppau gebohren, wo sein Vater Syndicus war, — nachdem ihn sein Vater hinlänglich vorbereitet hatte, schikte er ihn 1577 auf das elisabeth. Gymnasium nach Breslau, wo er 6 Jahr unter Pet. Vincintius, Nic. Steinberger und Casp. Brittmann studirte, 1583 gieng er nach Tübingen, und in demselben Jahre noch nach Basel, besuchte auch Geneve und Heidelberg. 1590 nahm er unter D. Joh. Brandmüller die Doctor Würde in der Theologie an, las zu Geneve über den Malachias, wurde 1596 Professor der Theologie zu Basel und starb 1610. Seine Schriften: commentarius in Danielem contra Bellarminum; Analysis Hoseae Prophetae cum orationibus historicis et dialecticis de anno Iubilaeo; de morte Christi; de 4. monarchiis apud Danielem; Analysis prophetae Malachiae; partitiones theologicae de fide, bonisque operibus; Theses Bellarmino potissimum oppositae; Enarrationes aliquot vaticiniorum de Christi nativitate, passione, morte, resurrectione et ascensione in coelos; logica Doctrina. —

Lucas Pollio, gebohren zu Breslau 1536, studirte zu Frankfurt und Wittenberg, war ein fleißiger Zuhörer Melanchthons, und gieng auf Jf-

G 3　　　　　　　　 sehit-

sentliche Kosten seiner Vaterstadt auf einige Zeit
nach Leipzig, wurde Diaconus, und zuletzt Pastor,
bey der Elisabeth-Kirche und starb 1583. Er hat
den Ruf eines sehr großen und practischen Canzel-
redners, der, wie gleichzeitige Schriftsteller sa-
gen, keine fremde, sondern lauter nützliche Dinge
predigte. Außer 7 Predigten vom ewigen Leben,
und 2 von der Hölle schrieb er noch: Englisches
Heerlager, oder 8 Predigten von den heiligen En-
geln, zu Leipzig gehalten, -- so wie auch ein geistliches Bet-Glöcklein für christliche Kirchgänger.

Heinrich von Poser und Groß-Nedliz,
gebohren 1599, starb als Deputirter der Fürstenthümer Schweidnitz und Jauer bey den Landtagen
1661. In seiner Jugend hatte er eine Reise nach
der Türkey, Persien, ꝛc. auf eigne Kosten unter-
nommen, und hinterließ ein MS. von dieser Reise
durch die Bulgarey, Armenien, Persien und
Indien von 1621 bis 1631, welche sein Sohn glei-
ches Namens zu Jena 1675 in 4 herausgab.

Martin Prätorius, Doctor Med. gebah-
ren zu Schweidnitz, und Canonicus zu Magdeburg. -- Außer verschiedenen Gedichten, und einem kleinen Werk de principatu administrando,
schrieb er auch noch ein Helden Gedicht in 2 Büchern unter dem Titel: Marchias, sive Electores
et Marchiones Brandenburgici.

Christophor. Preibis, der Sohn eines
Burgemeisters zu Sprottau, daselbst gebohren
1580, besuchte die Schule zu Brieg unter Valent.
Tscheuschner und Melch. Lauban, -- gieng von da
nach

nach Breslau, und studirte aufdem elisabeth. Gymnas. unter Nic. Steinberger, M. Weinrich) und
M. Seidel, — besuchte auch auf Anrathen dieser
seiner Lehrer noch 1 Jahr das Collegium der Jesuiten, verließ es aber schleunig, als sie ihn zum
Uebertritt zur Röm. Kirche zu bereden suchten und
kam 1599 nach Leipzig, hörte hier Matth. Dresser,
Joh. Naldel, Joh. Curtius und Joh. Friedrich,
hatte auch noch in der Philosophie Privatunterricht
bey M. Aug. Vogel und Hieron. Kromayer, nachmaligen Superintendent in Pläuen. 1602 wurde
er Magister Philos. 1607 wurde er in die philosophische Facultät aufgenommen, war 3 mal Dekan, 2 mal Pro-Canzler und erhielt 1612 die Professor der practischen Philosophie, — dies war
die Ursache, warum er seinen ersten Entschluß,
Medicin zu studiren wieder aufgab, ob er gleich
schon im Begrif war, nach Basel zu reisen, und
den Doctor-Grad anzunehmen. 1617 ernannte
ihn der Churfürst von Sachsen zum Professor der
Physik; Seit 1612 hatte er angefangen die Rechte
zu studiren, und die Vorlesungen der beyden Wir-
the, Francisci Romani und Elias Heidenreichs zu
besuchen. 1615 wurde er Licentiatus jur. und 1616
Doctor U. J. 1631 Senior der juristischen Facultät, 1618 Pro-Rector, 1629 Rector. 1627 erhob ihn Kayser Ferdinand der zweyte nebst seinen
2 Brüdern, M. Johann, Prediger zu Kozendorf
und George, Rathmann in Sprottau, zum Pfalzgraf, und als durch den Einfall der Schweden
in Schlesien die Diplome verlohren giengen, so

erneu-

erneuerte Ferdinand der dritte ihren Adel. C. Preibis starb zu Leipzig als Rector der Academie 1651.

Valentin Preibis, gebohren zu Bunzlau
1588, wo sein Vater Rathmann war, — studirte
zu Breslau und Frankfurt, wurde 1612 Magister,
1613 Rector zu Glogau und 1620 Prediger daselbst.
1627 erwachte die päbstliche Intoleranz, er kam
ins Gefängniß, und mußte mit einer ansehnlichen
Summe Geldes seine Loßlassung und Verbannung
erkaufen, — wurde Feldprediger beym General
von Arnimb, unter den brandenburgischen Trup-
pen; begleitete ihn auch nach Böhmen, und trö-
stete die daselbst befindlichen gedruckten Lutheraner
nicht wenig, 1631 berief ihn der Churfürst von
Brandenburg als Prediger nach Berlin, allein,
er erlebte dieses Glück nicht, sondern starb, ehe
er noch sein Amt angetreten hatte, 1632.

Friedr. Reichel, gebohren zu Schönau 1608,
begleitete einen jungen Herrn von Ahlefeld auf seinen Reisen nach Holland und England, — besuchte das Colloquium zu Thoren, und starb 1653
als Professor der Theologie zu Frankfurt an der
Oder, wo er vorher über die hebräische Sprache
las, und hinterließ eine kleine Abhandlung über
die Erbsünde.

Bartholom. Reusner, gebohren zu Breslau 1565, wo sein Vater Arzt war, besuchte die
Schule zu Zittau, gieng in seinem 16 Jahre nach
Strasburg, und begleitete von da seinen Verwandten den berühmten Nic. Reusner nach Jena, wohin dieser von den sächsischen Herzogen zur Grün-
dung

dung der Academie berufen wurde, hier bleib er
3 Jahr, wurde 1591. D. U. I. gieng 1594 als
Professor der Rechte nach Wittenberg, — wo er
bey der allgemeinen Kirchen-Visitation gebraucht,
und 1614 als Assessor des sächsischen Ober-Appel-
lations Gerichts nach Dresden berufen wurde. Er
war einer der ersten damaligen Gelehrten, verstand
außer der lateinischen Sprache noch die griechische
und hebräische, und konnte sich in der französischen
und italienischen, die er beyde durch eignen Fleiß
gelernt hatte, leicht und fertig ausdrücken; auch
in der Gometrie und Astronomie hatte er mehr
als gemeine Kenntnisse, Musik, Kräuterstudium
und Poesie füllten seine Erhohlungs-Stunden aus.
Er starb 1629 und machte sich durch folgende
Schriften bekannt: Oratio, cum illustrissimus
princeps, D. Augustus Saxoniae dux, Rector
Academiae Wittenbergensis renuntiaretur. 4. de
obligationibus ex die, vel ad diem contractis. 4.
discursus philosophicus contra Novatores et abu-
sores legum corruptores. 4. commentarius in 7.
leges difficillimas, disputatt. de moneta; de mu-
tua conjugum successione; de exemtione Cleri-
corum quoad personas eorum; de foro compe-
tente; de recusatione judicis suspecti; de actis
judiciorum rite conscribendis; de haereditatibus
ab intestato; etc.

Elias Reusner, gebohren zu Löwenberg 1555,
starb als Professor der Geschichte und Poesie zu
Jena, 1612. Seine Schriften sind: Opus Ge-
nealogicum catholicum. Francof. 1592 und 1612.

Fol.

Fol. ift gewiffermaßen ein Auszug aus dem großen Henningſchen Werk. Genealogia Imperatorum, ducum, regum, etc. Iſagoge hiſtor. — Chronologiae in iſagogen hiſtoric. — Artis Stratagemat. lib. III. Chronologiae hiſtoriae romanae; Europa; Paradiſus ſeu hortus poeticus; hortulus hiſtorico-poeticus; Diarium hiſtoricum.

Jeremias Reusner, gebohren zu Löwenberg 1590. Sein Onkel Nic. Reusner erzog ihn, und ſchikte ihn 1601 nach Schulpforte, wo er 6 Jahr ſtudirte. 1607 kam er nach Jena, ſtudirte die Philoſophie bey einem andern Verwandten Elias Reusner, wurde in demſelben Jahr Magiſter der Philoſophie, und hörte D. Virgil Pinziger über die Rechte, 1612 gieng er wegen der Peſt, woran auch ſein Vetter ſtarb, nach Hauſe, kam aber das folgende Jahr wieder nach Jena zurück, und fieng an, über die Rechte Privatcollegia zu leſen, und Diſputatoria zu halten, wurde 1615 zu Wittenberg D. I. U. las auch daſelbſt Privatcollegia, 1617 wurde er Aſſeſſor der juriſtiſchen Facultät, 1619 wurde er ſeinem Vetter Bartholom. Reusner abjungirt, 1621 erhielt er eine juriſtiſche Profeſſur, und ſtarb 1652 im Carlsbade, wohin er ſich wegen ſeiner kränklichen Umſtänden auf den Rath der Aerzte begeben hatte.

Nicol. Reusner, gebohren zu Löwenberg 1545, genoß den erſten Unterricht in den Wiſſenſchaften von ſeinem gelehrten Vater, beſuchte alsdann 2 Jahr das Gymnaſ. zu Goldberg, wo Heinr. Parmonn und Mart. Taburnus die vorzüglichſten

Leh-

Lehrer waren, — studirte noch 2 Jahre auf dem elisabeth. Gymnas. zu Breslau, — dann zu Wittenberg und Leipzig, wo er Modest. Pistoris, Paul Lobwasser, Leonh. Badenhorn, Henning Hamel und Balth. Schelhammer hörte, kehrte darauf wieder nach Wittenberg zurück, und war ein fleißiger Zuhörer von Joach. von Beust, Schneidewein und Valentin Forster, — reiste hierauf nach Augsburg auf den Reichstag, weil dieser aber ein Jahr verschoben wurde, so nützte er unter deß den Privatunterricht Joh. Heinzels und Hieron. Wolfs. — Verschiedene Gedichte, die er damals schrieb, besonders eine Elegie, unter dem Titel: Deutschland an den Kayser und die Churfürsten, machten ihn der gelehrten Welt bekannter, der Kayser ließ ihn seiner Gnade versichern, und machte ihm den Antrag, auf kayserl. Kosten zur Erweiterung seiner Sprach- und Menschenkenntniß eine Reise ins Ausland zu thun, um bey seiner Zurückkunft dem kayserl. Hofe und Vaterland desto erſprießlichere Dienste leisten zu können; man weiß nicht, was sich der Ausführung dieses Plans für Hindernisse in den Weg legten, genung, die Reise unterblieb. Peter Agricola hatte ihn unterdeß dem Pfalzgrafen Wolfgang, und Herzog von Bayern empfolen, der ihn als Professor der griechischen und lateinischen Sprache nach Lauingen berief; nicht lange nachher wurde er Doctor der Rechte zu Basel, erhielt den Ruf als Professor nach Strasburg, — gieng aber bald darauf nach Jena, wo eine Universität errichtet

wer-

werden follte. 1595 fdifte ihn der Churfürft von
Sachfen auf den Reichstag nach Pohlen, da er
eben von Kayfer Rudolph dem zweyten auf dem re-
genaburger Reichstage zum Pfalzgraf und gecrön-
ten Dichter erhoben worden war. Er ftarb 1602.
Seine Schriften find theils philologifch, theils poe-
tifch, theils jurifttfch, und führen folgende Titel:
lib. V Elegiarum; lib. II. odarum; lib. II. Epo-
don; lib. III. Philothefiorum; lib. I. Sylvarum;
lib. XXV. epigrammatum; lib. IX. anagramma-
tum; difticha evangel. et epiftol. graec.; emble-
mata partim ethica et phyfica, partim hiftorica
et hieroglyphica, quibus agalmatum five emblematum facrorum liber additus; Paradifus five
hortulus poeticus; Lib. VII Chriftiados. lib. III
litterarum; lib. I. Xenicorum. lib. II. laurearum;
Elementa Dialectica et rhetorica; lib. VII monarcharum, five fummorum regum; lib. III.
principum Germaniae, five electorum, lib. VII.
Hodaeporicorum, Elogia illuftrium heroum romanorum; Germaniae urbes imperiales, ut et
aliae ejusdem regionis. lib. II. de Italia; Icones,
five imagines litteris et armis illuftrium virorum;
Symbola augufta; lib. V. emblematum; lib. VI.
fleminatum, five armorum illuftrium; Aeni-
gmatographia, five fylloge aenigmatum et gri-
phorum convivalium. Vol. II. orationum pane-
gyricarum; Vol. IV. orationum et confultatio-
rum de bello Turcico varior. auctor. Aureolo-
rum dogmatum de principe et principis officio
fylloge variorum et diverforum; Ethica philo-
fophi-

sophica et Christiana; libellus politicarum dispu-
tationum; tractatus de ultimis voluntatibus;
Μικροτέχνη sive medulla jurisprudentiae justi-
nianae; βραχύλοχος totius juris civilis, seu
corpus legum cum notis; disputatt. de jure civili. lib. II. progymnasmatum sive controversiarum juris illustrium in utramque partem discer-
ptarum; Partitio sive oeconomia juris civilis et
canonici brevibus tabellis comprehensa. ——

Johann von Rhediger, aus einer alten schlesischen Familie, gebohren zu Breslau
1534, studirte zu Bourges die Rechte unter Jacob Cujacius, der ihm auch 1566 seinen Coder
Theodosianus dedicirte, kam 1567 in sein Vaterland zurück, wurde Rath Kayser Maximilian des
zweyten, und Beysitzer des königlichen Appella-
tionsgerichts zu Prag, machte sich auch eben zu
einer Gesandschaft an den dänischen Hof fertig, ——
starb aber noch in demselben Jahre, und im 31
seines Alters.

Thomas v. Rhediger, ein Bruder des vo-
rigen, gebohren 1540, studirte zu Wittenberg, unter
Melanchthon und Casp. Peuker, gieng 1561 nach
Paris, und genoß eines vertrauten Privatunter-
richts Caroli Clusii, reiste hierauf 15 Jahr durch
Frankreich, England, Holland, Italien, Deutsch-
land und die Schweiz, und sammelte einen Schatz
von seltenen Büchern, MSS. und Münzen, deren
Werth über 40,000 Rthlr. geschätzt wurde. ——
Dabey war er ein großer Freund und Gönner der
Gelehrten, Lipsius dedicirte ihm seine lectiones
anti-

antiquas, Cufacius feine Bücher de feudis, Pulmann feinen Aufonius, Clufius die Briefe des Elenard u. f. w. 1572 hatte er das Unglück, bey Heidelberg aus dem Wagen zu fallen, weil er schlecht geheilt worden war, so begab er sich nach Cölln, um eine neue Cur vorzunehmen, starb aber daselbst 1576 in den Armen seines vertrauten Freundes Gerhard Falkenburg, im 36 Jahre seines Lebens. Seine vortrefliche Bibliothek und Münzkabinet vermachte er seiner Familie, die solche nach Breslau bringen ließ, und endlich dem Rath überließ, so, daß sie jezt den grösten Theil der elisabeth. Bibliothek ausmacht.

Gottfried Rhonius, gebohren zu Breslau 1663, studirte zu Jena die Rechte, und starb als Candidat 1694. Er beschäftigte sich ganz mit der vaterländischen Geschichte, suchte besonders alte verborgene MSS. auf, um sie öffentlich bekannt zu machen, gab auch 3 Briefe von einigen bisher unbekannten Historikern Schlefiens heraus, davon 2 zu Breslau 1693 und einer zu Brieg 1694. 4. erschienen, ob sie gleich eigentlich alle zu Brieg gedruckt sind. Die durch seinen Tod unterbrochenen Nachrichten von unbekannten schlesischen Historikern, sezte Christian Runge, ehemaliger Prorector des Mar. Magdal. Gymnas. in seinen miscellaneis litterariis fort, wovon das erste Specimen zu Oels 1712, das zweyte zu Brieg 1713, das dritte zu Breslau, (eigentlich Rudelstadt) 1714 und das vierte zu Breslau (gleichfalls Rudelstadt) 1717 in 4. herauskam. Joh. Herbord Klose, Buchhändhändler in Leipzig, welcher einige Exemplare der ersten und einzigen Edition zu Brieg von Rhonii Briefen in seinem Laden versteckt fand, machte einen neuen Titel, verschwieg den Autor, und gab sie in 4 Bändchen unter folgendem weitläuftigen Titel heraus: Memoriae rerum Silesiacarum, olim ab nonnullis scriptoribus literis quidem consignatae, nunquam tamen suis temporibus editae, nunc vero ne vel plane intercidant, vel intra bibliothecarum septa diutius latitent, excusso pulvere, situque deterso, in lucem productae et in certos fasciculos collectae, ab historiae patriae amatore. Lips. 1714. 4. — Außerdem schrieb Rhone noch exercitationem historicam de Iohanneis Vratislaviensibus. Vratisl. 1693. 4. er handelt darinn von den alten breslauischen Münzen, die von dem darauf geprägten Haupt Johannis des Täufers, ihren Namen bekamen, sie steht im 1 fasciculo memor. rer. Silesiacar. Er wollte auch die Geschichte der breslauischen Bischöfe durch Hülfe der Münzen mehr aufklären, und schrieb deshalb epistolam historicam ad historiae patriae amatores de promovendo circa historiam episcopalem rei nummariae studio. Bregae 1693. 4. welcher statt der Vorrede in den memor. rer. Silesiac. steht.

Valentin Riemer, gebohren 1581 zu Hirschberg, wo sein Vater Syndicus war, studirte auf dem Mar. Magdal. Gymnasio zu Breslau, unter dem Rector Joh. u. Höckelshausen, hernach zu Leipzig, wo er Magister wurde, seit 1605 zu Marburg,

purg, und endlich zu Gleßen, kehrte darauf nach
Leipzig zurück, wurde 1614 D. U. I. zu Jena, 1618
daselbst Profeſſor der Geſchichte und Poeſie, 1619
Profeſſor der Rechte, ſtarb 1635 und hinterließ
quaeſtiones illuſtres; und deciſiones jurium con-
troverſorum.

Pilip Jakob Sachs v. Lewenhain, gebohren zu Breslau 1627, wo ſein Vater Kämmerer war; beſuchte zuerſt das eliſabeth. Gymnaſium,
hatte in den Sprachen Elias Major, in der Beredſamkeit, Politik und Geſchichte, Chriſtoph
Cölern, und Joh. Fechnern in der Poeſie, Phyſik und Mathematik zu Lehrern, gieng 1646 nach
Leipzig, wurde 1647 Baccalaureus, 1648 Mägi-
ſter der Philoſophie, — war übrigens ein beſon-
derer Freund der Chemie und hörte auch deswegen
D. Joh. Michael darüber. Er reiſte nachher nach
Dresden, Lübeck, Altenburg, Hamburg, Emden,
und Leyden, war hier eine Zeitlang Adolphs Vor-
ſtius Zuhörer in der Botanik und Joh. Walä
in der Anatomie, beſuchte hierauf Antwerpen,
Brüſſel, Löwen, Utrecht, Heidelberg, Strasburg, Baſel, Paris, Montpellier, wo Heinrich
IV einen ſehr koſtbaren botaniſchen Garten angelegt
hatte, kam 1650 nach Italien, und zwar nach
Siena, Bologna, Piſa, Florenz, Rom, wo
eben das Jubeljahr gefeyert wurde, Ferrara, Venedig, Padua, wo er 1651 Doctor Med. wurde,
und in demſelben Jahre über Innſpruk, Wien
und Leipzig nach Breslau zurück, wurde daſelbſt
Stadtphyſikus und 1658 Mitglied der Naturfreun-
de,

pe, unter dem emblematischen Namen Phosphorus. Er war ein äußerst gefälliger, rechtschaffener und gefühlvoller Mann, der eine weit ausgebreitete Gelehrsamkeit besaß, und damit eine seltene Reinigkeit des Characters verband. Er sprach fast alle lebende Sprachen, stand in einem weitläuftigen gelehrten Briefwechsel und starb 1671, nachdem er folgende Schriften herausgegeben hatte: Ampelographia seu vitis viniferae ejusque partium consideratio physico - philologico - historico - medico - chymica; Gammarologia de natura cancrorum; Occanus macro - micro - cosmicus, sive tractatus de analogia Geocosmi et Anthropocosmi. —

Albert v. Säbisch, ein Sohn Valentins v. Säbisch, gewesenen fürstlichen Raths zu Liegnitz, wurde 1610 zu Breslau gebohren, — that verschiedene Reisen, besuchte die vornehmsten europäischen Höfe, nahm auch Kriegsdienste bey fremden Fürsten, und wurde bey seiner Zurückkunft Hauptmann bey der Garnison in Breslau, Inspector über die Zeughäuser, und Ingenieur, und starb 1688. Seine schöne Büchersammlung, nebst sehr vielen Zeichnungen und Rissen und einem MS. in lateinischer Sprache, von dem Leben des Cardinals Richelieu, aus sehr geheimen Quellen, befinden sich auf der dasigen elisabethanischen Bibliothek.

Melchior v. Säbisch, gebohren zu Falkenberg, im Oppelnschen Fürstenthum 1539. Zuerst besuchte er die dasige Schule, dann das Gymnasium

stum zu Brieg, die Schule zu Neiße, und die beyden Gymnasien zu Breslau, bezog 1561 Leipzig;
hörte daselbst ein Jahr Joach. Camerarius und
gieng 1562 nach Strasburg. Hier studirte er die
Medicin unter Joh. Sturm, Hieron. Massarius,
Wal. Erythräus, Conr. Dasypodius, und Christian Herlin. Auf Zureden D. Hottomanns, legte
er sich auf die Rechte, allein als er 1563 nach Paris kam, und mit D. Hubert bekannt wurde, so
ermunterte dieser seinen ersten Entschluß zur Arzney-
gelahrheit, der er sich auch wieder mit ganzer Seele
widmete, und besonders den Vorlesungen D. Ludw.
Duretl, über den Hippocrates fleißig beywohnte.
1565 kam er nach Leyden, wohin ihn der berühmte
Botaniker D. Joh. Bauhinus eingeladen hatte, um
ihm bey der Herausgabe seiner Kräuterhistorie be-
hülflich zu seyn. 1566 reiste er nach Montpellier,
studirte daselbst unter D. Laur. Joubert, Ant. Sa-
porta, und Jakob Salomo, besuchte Chalmätäi,
chirurgische Operationen und Cabrolii Vorlesungen
über die Anatomie, und genoß außerdem noch den
Privatunterricht des großen Botanikers D. Jak.
Dalechamps, hielt sich noch einige Zeit in Lothringen auf und gieng 1567 nach Heidelberg. 1569
wieder nach Strasburg, — begleitete seinen Vetter Matth. v. Säbisch, Leibarzt des Herzogs von
Liegnitz, nach Italien, hörte auf dieser Reise verschiedene große Aerzte, und kehrte 1570 wieder nach
Strasburg zurück, reiste dann auf den Reichstag
nach Speyer, wo ihm der Kaiser Maximilian II,
dem er empfohlen worden war, eine Bedienung
bey

bey seiner Tochter Elisabeth übertrug, welche er
auch, als sie die Gemalinn Carls IX von Frank-
reich wurde, dahin begleitete. Allein für das
Hofleben nicht gebohren, nahm er noch daffelbe
Jahr seinen Abschied, gieng nach Montpellier,
wurde daselbst D. Med. kam 1572 abermals nach
Strasburg, erhielt daselbst 1586 eine Professur der
Medicin, und starb 1695.

1625

Joh. Christfried Sagittarius, der Sohn
eines Doctor der Rechte, gebohren 1617. Seine
Eltern verlor er beyde sehr früh, — wurde daher
im Waisenhause erzogen, und erfuhr ganz die Härte
eines widrigen Schicksals, bis ihn sein Onkel,
welcher Prediger in Lüneburg war, zu sich nahm.
Nachher studirte er zu Jena unter Daniel, Philologie, und unter Stahl, Philosophie, wurde 1643
Magister, 1646 Professor der Poesie und Geschichte
daselbst. 1651 Superintendent zu Orlamünda,
1652 Doctor der Theologie und 1656 Generalsu-
perintendent und Hofprediger zu Altenburg. Seine in Jena gehaltenen Disputationen, hat er unter
dem Titel: Otium Ienense, zusammen drucken
lassen. Er ist auch Herausgeber von Luthers Schriften in 9 Folianten, wo die lateinischen Schriften
übersezt sind, und starb 1689.

Caspar Franciskus v. Gannig, gebohren
zu Neiße, zuerst Kanzler der freyen Standesherr-
schaft Wartenberg, bald darauf Canzler des breslauischen Fürstenthums, und endlich kaiserlicher
Ober-Amtsrath in Schlesien, starb zu Breslau
1686, und gab folgende Schrift heraus: Succin-

B. v. Schl.   H   cta

dta annotatio ad fanctionem pragmaticam Cae-
fareo-regiam Leopoldinam circa fatalia appella-
tionis in Ducatu utriusque Silefiae obfervandae;
auf eigne Koſten. Glaz 1684. 4. Sie iſt abgedruckt zu Ende des 9ten Kap. der Silefiograph. renov. p. 1067 und in den deliciis juris Silef. n. 3.

George v. Sauermann, gebohren zu Bres-
lau 1493, that Anfangs Kriegsdienſte, legte ſich
nachher auf Sprachen und die Rechte, wurde D.
U. L und Rector zu Bologna, erhielt auch wegen
ſeiner Beredſamkeit das röm. Bürgerrecht, wurde
nachher Probſt an der Domkirche zu Breslau, und
Dechant zum heiligen Kreuz daſelbſt, ſchrieb eine
Erklärung des Briefes Pauli an die Römer, gab
Reden und Epiſteln und eine Leichenrede auf Maximilian I heraus, und ſtarb 1527 als kayſerlicher
Gefandter zu Rom. Ein anderer aus demſelben
Geſchlecht, mit dem Vornamen Johann, war
Canonicus zu Hirſchberg, und ſchrieb eine lateini-
ſche Ueberſetzung von Aeſchyli Tragödien und ſtarb
1510.

M. Gottfr. Balthaſar Scharf, Paſtor
Primarius und Inſpector der Schulen zu Schweidniz, ſtarb 1744 in einem Alter von 69 Jahren,
gab 1733 die Annalen des Thebeſius zu Jauer in
Fol. heraus, und hinterließ ein MS. von den ſchleſiſchen Geſchichtſchreibern, in 5 Theilen, welches
bis jezt noch nicht gedruckt iſt. Der erſte Theil
handelt von den auswärtigen Geſchichtſchreibern
Schleſiens; der zweyte, von denen, die über die
bürgerliche Geſchichte, der dritte, die über die ge-
lehr-

lehrte Geſchichte, der vierte, die über die Kirchen-
geſchichte, und der fünfte, die über die Naturge-
ſchichte von Schleſien geſchrieben haben.

Jakob Schickfus, gebohren zu Schwiebus
1574 D. U. I. las Anfangs Privat-Collegia zu
Straßburg und Frankfurt, wurde Secretair der
leztern Univerſität. 1604 Rector in Brieg, Rath
der Herzoge von Brieg und Liegniz, -- Ferdinand II
erhob ihn zulezt in den Adelſtand und machte ihn
zu ſeinem Rath und Kammer-Fiscal. Er ſtarb
1637 in einem Alter von 63 Jahren. Seine Verdienſte um die ſchleſiſche Geſchichte ſind bekannt, --
er iſt der Fortſetzer des Curäus, nur iſt es zu be-
dauern, daß er ſich zu ſehr bey Kleinigkeiten auf-
hält; Seine Chronik iſt mehr Sammlung von
Documenten, Urkunden und Privilegien, als eigentliche Geſchichte, -- und das Fabeln- und
Mährchenhafte, was Curäus ſo ſehr liebt, hängt
ihm gleichfalls ſehr an. -- Seine neu vermehrte
ſchleſiſche Chronika oder Landesbeſchreibung, darinn
weiland Herr Joachim Curäus, der Arzneygelahrheit Doctor den Grund gelegt. Jetzo bis auf das
Jahr 1690, da ſich Dero öſterreichiſchen wieneri-
ſchen Linien Regierung ganz endet, mit ſehr vielen
nothwendigen Sachen vermehret, und gebeſſert,
auch in 4 verſchiebliche Bücher abgetheilet, erſchien
zu Jena 1625 Fol. auf Koſten der breslauſchen
Buchhändler, nebſt einer Charte von Schleſien,
die entweder Hulſius oder Cuſtos geſtochen hat.
Er verſichert in der Dedication, ganz der Rättel-
ſchen Ueberſetzung des Curäus gefolgt zu ſeyn, dies

beweiſt

beweiſt auch der Innhalt der Kapitel, nebſt denen
am Rande ſtehenden Zeichen, wodurch er andeu-
tet, was aus dem Curáus iſt, was er verbeſſert
hat, und was ihm bloß allein eigen iſt. Wie ſkla-
piſch er in manchen Stücken dem Curáus folgt, beweiſt unter andern das Ende der Vorrede, wo er
ſagt, daß Dlugos (er hieß eigentlich Duglos, aber
Curáus begeht denſelben orthographiſchen Fehler)
vor hundert Jahren gelebt habe, und daß ſeine
Geſchichte von Polen noch nicht gedruckt ſey -- dies
galt wohl zu Curái Zeiten, aber nicht mehr 25
Jahr ſpäter, als Schikfus ſchrieb. Er hatte in
ſeiner Geſchichte manches gegen die römiſche Kirche einfließen laſſen, dies wurde ausgeſtrichen, und
mit andern Dingen ausgefüllet, auch ſtatt des
Druckorts Jena, wurde Leipzig geſezt, es iſt daher
die Meinung entſtanden, als ob es zwey verſchie-
bene Ausgaben wären, dies iſt es aber nicht, blos
einzelne Blätter des erſten und dritten Buchs, wurden verbeſſert; welche ſich durch weißeres Papier,
nieblichere und größere Lettern, und kleinere Seitenzahlen von den übrigen unterſcheiden; übrigens
iſt es gewiß, daß dieſe verbeſſerte Chronika ſeltner
als die ächte iſt. Außerdem ſchrieb er noch: de
jure feudali Sileſiae, welche Abhandlung zuerſt
1727 in Ioh. Chriſt. Lünigii corpore juris feudalis germanici. Francof. ad Moen. im dritten Theil
pag. 221-536 heraus kam. -- Orationes; collegium logicum; conciliationes peripateticas.

Caſpar Schieferdecker v. Wilkau, I. U. D.
gebohren zu Breslau 1581, königlicher Amtsrath
der

der Fürstenthümer Schweidniß und Jauer, starb
zu Breslau 1631 und hinterließ: disputationes fo-
renses ad Anton. Fabrum; lib. II. controversiarum forensium; hatte auch eine Schrift aufge-
setzt: de extrinseca ad intrinseca bonitate veteris
monetae in Silesia, die er aber dem Vulkan auf-
opferte, wie er in seinen memorialibus titulis de
jurisdictione, quae olim in Silesia fuit, gesteht.
Commentarios ad Anton. Fabrum ICtum Sebu-
siarum Oppenheimii 1610. fol. de singulari Iure
feudorum Silesiae. Henel glaubt, er habe diese
Schrift auch verbrannt, wahrscheinlich aber wohl
nicht, sie ist vielleicht noch im MS. irgendwo vorhanden, so wie folgende MSS. von ihm: 1) Gutach-
ten die Stadt Schweidniß betreffend, wegen Er-
kaufung der Landgüter. 2) Wie weit die Jurisdi-
ction des königlichen Manngerichts der Fürstenthümer Schweidniß und Jauer fundirt sey. 3) Daß
in diesen Fürstenthümern kein Procurator oder Advocatus fiscalis zu admittiren sey.

Heinrich Schmettau, ein reformirter Theologe, gebohren zu Liegniß 1629, wurde nachher daselbst fürstlicher Hofprediger, Kirchenrath und Superintendent. -- Weil ihn aber die Katholiken
auf alle Art verfolgten, und sogar kaiserliche Be-
fehle gegen ihn auswürkten, so gieng er nach Frankfurt an der Oder, wurde daselbst Prediger und
Professor Extraordin. und starb 1705 als Churbran-
denburgischer Hofprediger und Consistorialrath. --
Er hat Predigten, und eine Uebersetzung von Joseph Hall's biblischen Geschichte, desgleichen von

H 3 Matth.

Matth. Hale's Ursprung des menschlichen Geschlechts herausgegeben.

Hulderich Schober, gebohren zu Lüben 1559, und Prorector am Gymnasio zu Thoren, Verfasser einer Mythologiae gratiarum; poematum; miscellaneorum; paralipomenon, etc. und starb 1598.

George v. Schöbel und Rosenfeld, gebohren zu Breslau 1639. Mitglied der fruchtbringenden Gesellschaft; Aufseher der breslauschen Bibliotheken; von Kayser Leopold geadelt, und zum kayserlichen Rath ernennet und starb als Canonicus zu Magdeburg 1680. Er dedicirte Leopolden: Sinnreiche Reden und merkwürdige Thaten der XV römischen Kayser, aus dem hochlöblichen und glorwürdigsten Erzhause Oesterreich, Bresl. 1672, mit den Abbildungen der deutschen Kayser von Rudolph I an bis auf Leopold. Weil dies Werk auf Kosten des Verfassers, und nur in sehr geringer Anzahl gedruckt wurde, so hat es sich jezt äuserst selten gemacht.

George v. Schönborn und Ziesendorf, D. U. I. gebohren zu Freystadt, zuerst Kanzler der Grafen v. Hohenzollern, dann der Grafen v. Schafgotsch, — auch Syndicus zu Glogau, zulezt kayserlicher Rath, Pfalzgraf und Advocat des königlichen Fisci in Nieder-Schlesien und Lausiz, starb 1637. Er hat lib. VII Politicorum; Commentationem de jure Silesiae feudali; Statuta civitatis

tis Saganensis, und eine Erklärung des Vater Unsers geschrieben. Sein vorzüglichstes Werk aber,
welches sich bis jezt noch im MS. befindet, führt
den Titel: libera Viadri navigatio in Oceanum,
ist dem Kayser Ferdinand II dedicirt, und gründet
sich auf die besten Urkunden, hat auch einen Anhang von 15 Diplomen.

Laurent. Scholz, gebohren zu Breslau
1552, besuchte die vornehmsten Akademien in Italien, wurde Doctor der Medicin, kam 1579 zurück, und ließ sich zu Freystadt nieder, nicht lange
nachher zog er nach Breslau, — und fand seine
angenehmste Erholung in der Anlegung eines bo-
tanischen Gartens an der Stadtmauer, wo er die
vornehmsten damals bekannten ausländischen Pflanzen zog und pflegte. Er starb 1599 und hinterließ
Sectiones VIII aphorismorum medicorum tum
theoricorum, tum practicorum; consilia medica
Ioh. Cratonis et aliorum; epistolas medicinales
medicorum variorum.

George Schulz, gebohren 1599 zu Löwenberg, wo sein Vater Burgermeister war, genoß
den ersten Unterricht in der dasigen Stadtschule,
bezog 1616 Wittenberg, 1624 creirte ihn Barthol.
Reusner zum Doctor der Rechte, und 1625 wurde
er in die juristische Facultät aufgenommen. Nicht
lange nachher ernannte ihn der Graf v. Barby zu
seinem Rath und Kanzler, und bald darauf berief
ihn die Universität Wittenberg wieder als Prof. der

H 4	Rech-

Rechte zurück, wo er 1634 starb. Schriften: Synopsis inſtitutionum cum tit. de verborum ſignificatione et diverſis regulis juris antiqui. 8. Paratitla conſtitutionum Electorum Saxoniae. 12. Synopſis judiciaria ex Iure novo, quo hodie in Imperio Romano - Germanico utimur, nec non receptis in foro opinonibus deſumta. 12. - Synopſis juris feudalis romani germani imperii, 8. proceſſus judiciarius. 4. Tractatus de oblatione, obſignatione et diſpoſitione pecuniae ſeu rei debitae, 12. arboris conſanguinitatis et affinitatis expoſitio.

David von Schweiniß, Herr von Seifersdorf und Petersdorf, gebohren 1600 aus einem alten ſchleſiſchen Geſchlechte, ſtudirte zu Breslau, Heydelberg und Gröningen, erhielt nach ſeiner Zurückkunft verſchiedene wichtige Bedienungen, wurde zu Geſandſchaften gebraucht, und mußte im 30 jährige Kriege ſehr viel leiden; zuletzt ernennte ihn der Herzog von Liegniß, zum Regierungsrath, Hofrichter und Landshauptmann des Fürſtenthums Liegniß. Er hat den Ruhm eines edlen, und braven Schleſiers, die Zeit die ihm ſeine Geſchäfte erlaubten, verwandte er zum ſtudiren, und zur Ausarbeitung verſchiedener practiſchen Schriften, 1626 gab er gute Gedanken von der Prüfung des Gewiſſens oder der wahren Buße in 2 Theilen heraus. Sein Schild wider die Traurigkeit iſt zwar nicht vollſtändig erſchienen, aber deſto ſchätzbarer, weil er aus eigner Erfahrung ſchrieb. In der Vorrede zu ſeiner Herzensharfe oder geiſtreichen

chen Gesangbuche beweißt er, daß das Stübium
der Theologie einem Edelmanne nichts weniger als
unanständig sey. — Seine kleine Bibel, oder
Summarien über die heilige Schrift schrieb er
während seiner Verbannung zu Danzig. Sein
Herzenspsalter, und 100 evangelische Todesgedan-
ken kamen zu Breslau heraus, und seine Genealogia derer von Schweiniz vor der Zeit Schwenze
genannt nebst einem Discurs von dem alten und
schlesischen Adel, erschienen zu Liegniz 1661. in Fol.
Er starb 1667. in einem Alter von 67 Jahren. —

Caspar Schwenkfeld, aus einem alten ab-
lichen Geschlechte, gebohren zu Ossig 1490, studirte
zu Cölln und andern Academien, lebte an verschiedenen Höfen, — und wurde zuletzt Rath des Herzogs von Liegniz; Als er von Luthern hörte, so
las er seine Schriften, wurde aufmerksam gemacht,
und wünschte sich selbst Ueberzeugung zu verschaf-
fen; lernte Griechisch bey Valentin Krautbold in
Liegniz, und wurde evangelisch. Als aber der
Streit über das Abendmal zwischen Zwingli und
Luther anfieng, so wollte er auch untersuchen, wo
die Wahrheit liege. 1525 glaubte er nach vorher-
gegangenen vielen Untersuchungen und Gebethe
gefunden zu haben, was der wahre Sinn der Einse-
tzungsworte sey, gab eine göttliche Offenbarung
vor, reiste nach Wittenberg, sprach mit Luthern,
und Melanchthon, und ob beyde gleich seine Meinung nicht annahmen, so blieben sie doch gute
Freunde, zum Unglück hatte Zwingli erfahren, daß
Schwenkfeld bey Luthern gewesen wäre, und in

H 5   der

der Lehre vom Abendmal ziemlich mit ihm überein-
stimme, er schrieb dies ziemlich unbesonnen in die
Welt, und kaum erfuhr dies der Herzog von Liegnitz, als er Schwenkfelden von allen seinen Aemtern entsetzte, er mußte das Vaterland meiden,
irrte an verschiedenen Orten herum, und starb
endlich zu Ulm 1561. Er war ein frommer und
gelehrter Mann, konnte seine Vernunft eben so
wenig Luthers unbegreiflicher Erklärung vom Abendmal, als der alten Lehre von der Transsubstantia-
tion unterwerfen, und hielt überhaupt den Zwang
der Vernunft und des Gewissens in Religionssachen für hart und unbillig. Aus seinen Schriften leuchtet gesunder Menschenverstand, richtige
Begriffe von der Religion, ein gutes moralisches
Gefühl und Entfernung von Schwärmerey her-
vor. Sie sind unter folgendem Titeln erschienen:
Confessio et ratio praecipuorum capitum fidei
christianae; confessio et expositio agnitionis
Christi et divinae ejus majestatis, tribus partibus
constans; de divina filiatione et gloria integri
filii Dei Iesu Christi; de aeterna dei substantia,
et quantum a creata substantia creaturarum dif-
ferat; de libertate fidei christianae doctrinae,
judicii. et conscientiae; Brevis confessio de Christo filio Dei et Sacramento corporis et sanguinis
Christi, addita protestatione contra omnes erro-
res; Epistolarum Vol. I. ratio vocationis suae ac
doctrinae; de evangelio et ejus abusu; epistola
de fide et agnitione S. trinitatis; epistola de ju-
stificatione peccatoris; exhortatio ad veram et

sal.

salvificam Chrisli agnitionem; de peccato et
gratia, Adamo et Chrisło; de pugna Chrisliano-
rum; Testimònia ex N. T. de divina majestate
Iesu Chrisli et carne ejus; de remissione pecca-
torum; summarium de duplici statu, officio et
agnitione Chrisli, tam in cruce, quam in majestate; summarium de chrisliano certamine et de
conscientia; Catechismus de verbo crucis et de
discrimine verbi spiritus et literae; de coelesli
medicina Chrisli, veri medici, ad salutem aeter-
nam miseri perditique hominis; de homine christiano, illius natura et origine. Catalogus stir-
pium et fossilium Silesiae, cum geographica Silesiae delineatione et virorum doctorum catalogo.

Abraham Scultetus, gebohren zu Grünberg 1556, wo sein Vater ein öffentliche Bedienung bekleidete. Er besuchte zuerst die Schule
seiner Vaterstadt, wo Peter Titus, Jacob Ebert
und Paul Bernau die vorzüglichsten Lehrer waren,
gieng 1582 nach Breslau, und studirte daselbst
unter Amandus Polanus und Pelargus, — dann
nach Freystadt, um die beyden Schüler Melanchthons Nicol. Ludwig von Glogau und Abrah. Buch-
holzer zu hören, — hierauf nach Görliz, und
von da durch Unterstüßung eines schlesischen Rit-
ters von Bergk nach Wittenberg, wo er besonders Philosophie studirte. Ehe er Sachsen verließ, besuchte er vorher noch Caspar Peufern in
Dessau, den Schwieger-Sohn Melanchthons, und
kam 1590 nach Heidelberg, — Dan. Tossanus
und Franciscus Junius waren seine liebsten Lehrer.

rer. Nach einiger Zeit fieng er an selbst Vorlesungen über die Dialectik, Rhetorik und Ethik
zu halten, wurde 1591 Magister der Philosophie,
und Hofprediger beym Churfürst Friedrich der
fünfte von der Pfalz. 1612 begleitete er denselben nach England, 1618 nahm er die Doctorwürde
und den Ruf als Professor der Rechte zu Heidelberg an, 1619 besuchte er die Dordrechter Synode,
und gieng in demselben Jahr als Kirchenrath mit
dem Grafen von Solms, Ludw. Camerarius, George Friedrich Pistorius und andern churfürstlichen
Abgeordneten auf den Reichstag nach Frankfurt
wegen der Kayserwahl Ferdinands des zweyten. Die
Unruhen die nicht lange hernach in Deutschland,
und besonders in der Pfalz ausbrachen, nöthigten
ihn Heidelberg zu verlassen, nach einem langen
Herumirren wurde er Prediger zu Emden, wo er
1625 starb. Scultet erwarb sich die Uebung über
theologische Sachen frey zu denken und zu schreiben, zu Heidelberg am Hofe Friedrichs des fünften.
Ohne Zweifel hätte Schlesien ihm eine frühere
Aufklärung und Freyheit des Geistes zu verdanken,
wenn Friedrich der fünfte sich auf dem böhmischen
Throne behauptet hätte, denn seine Gesinnungen
und sein Rath hatten Einfluß auf die Entschlies-
sung dieses Prinzen, und daß er geneigt war, der
Vernunft ihre Rechte in Religionssachen einzuräu-
men, und dogmatischen Zwang zu entfernen, wird
man schon daraus erkennen können, daß so wohl
eifrige Lutheraner als strenge Catholiken ihn einen
Indifferentisten und Atheisten nannten. Anzeige

sei-

seiner Schriften: Medullae theologiae patrum syntagma, in quo theologia priscorum ecclesiae primitivae doctorum a Roberti Bellarmini et aliorum corruptelis vindicatur; Annalium Evangelii passim per Europam 15 salutis partae seculo renovati decades, davon existiren nur noch 2, die übrigen giengen in Prag verloren. Idea concionum dominicalium latine et germanice edita. Idea concionum in prophetam Esaiam, Epistolas Pauli ad Roman. ad Hebr. et Psalmos Davidis; deliciae evangelicae Pragenses, h. e. observationes grammaticae, historicae et theologicae in historiam Iesu Christi nati, educati, baptizati et tentati. Biblische Betkunst; Wegweiser vor alle diejenigen, welche vorwenden, sie können sich in die Zwiespalt der Religion nicht schiken, noch wissen, welcher Glaube recht oder unrecht sey; Gebet - Büchlein; Kirchen - und Psalm - Postille; Postilla ungarica; Erklärung des 20 Psalms; Bericht von den Gözenbildern; Axiomata concionandi practica; Predigten von der Auferwekung Lazari; observationes grammaticae, logicae, historicae et theologicae in historiam concionum et miraculorum a Domino nostro Iesu Christo editorum; de precatione tractatio logica, theologica, et Iohannes Baptista logice descriptus; Historischer Bericht, wie Gott seine Kirche reformiret und regieret; Bericht wie die Kirchen - Reformation vor hundert und mehr Jahren angegangen.

Johann

Johann Seccerwiz, wurde zu Breslau gebohren, und starb als Professor der Poesie zu Greifswalde 158? Schiksus erwehnt in der Dedica-tion seiner Chronik, die Gedichte desselben, allein niemand kennt sie, so daß man vermuthet, sie wa-ren Schikfuß bloß handschriftlich bekannt gewesen. Henel in seinem Verzeichniß der Bischöffe, und besonders in dem Artikel von Casp. von Logau's Leben lobt ein Glückswünschungs-Gedicht, wel-ches er in Namen Schlesiens dem neuen breslau-schen Präsul zugeschrieben habe, und führt auch 2 Bruchstücke davon, wovon sich das wirkliche MS. noch auf der Mar. Magdal. Bibliothek be-findet, und Joh. Christian Runge, ehemaliger Pro-Rector des Mar. Magdal. Gymnasii ver-sichert in seiner Notitia historicorum et historiae gentis Silesiae P. I. p. 122, in einem geschriebenen Verzeichniß der Rhedigerischen Bibliothek Joh. Seccerwitii Carmina, Tubing. 1557. 4. angeführt gefunden zu haben. — In seinem Helden Ge-dicht: Daneïdes et Pomeranides besingt er die Ei-genschaften und Thaten der Dänischen und Pom-merschen Fürsten, und andrer berühmter Män-ner, — er schrieb auch: ecclesiasticum, elegiaco carmine. I. A. Würffel aus Greifswalde in sei-ner dissertat. de Vena Pomeranorum. Gryphis-waldiac, 1738 erzält unter andern folgende Anec-dote von ihm: Er hatte vom Herzoge Bauholz für die Academie erhalten, und sollte auf diesen Gegenstand einen Vers extemporiren, Seccerwiz antwortete durch folgendes Impromptu: Ligneus

es princeps, cum lignea dona dedisti; aurea si
dederis, aureus esse potes; und der Herzog, um
ben letzten Vers zu erfüllen, beschenkte ihn mit einer gefüllten Goldbörse.

Tobias Seiler, gebohren zu Löwenberg, gekrönter Dichter, Archidiaconus in seiner Vaterstadt, dann Pastor zu Goldberg, hierauf nochmals Prediger zu Löwenberg, und endlich Hofprediger der verwittweten Churfürstin von Sachsen,
Verfasser verschiedener Gedichte, und einer Dae-
monomanie, und starb zu Lichtenburg an der
Elbe 1629.

Dan. Sennert, der Sohn eines Schuhma-
chers, gebohren zu Breslau 1572. Nachdem er
auf den beyden Gymnasien seiner Vaterstadt den
ersten Grund in den Wissenschaften gelegt hatte, so
gieng er 1593 nach Wittenberg, studirte zuerst Philosophie, und wurde Magister, dann Medicin,
besuchte auch die Academien zu Leipzig, Jena,
Frankfurt, blieb einige Zeit in Berlin und Basel,
und wurde 1601 Doctor zu Wittenberg, und 1602
Professor daselbst, und las die ersten Collegia über
die Chemie daselbst. Er war übrigens sehr unei-
gennützig, und half jedem, wo er nur konnte.
Als 1628 der Churfürst auf einer Reise zu Wittenberg krank wurde, und Sennert ihn wieder her-
stellte, wurde er dafür zum Leibarzt erhoben, und
starb 1637. Seine Werke sind unterschieden zu-
sammengedruckt worden, am besten zu Leiden 1676
nebst einigen Nachrichten von seinem Leben. Sie
bestehen aus folgenden einzelnen Schriften: Hy-
po-

pomnemata physica de rerum naturalium principiis, occultis qualitatibus, de atomis et mi-
stione, de generatione viventium, et de sponta-
neo viventium ortu. 8. Epitome naturalis scientiae. 8. Auctarium epitomes physicae. 8. institutiones medicinae ter locupletiores editae 4. lib.
IV. de febribus. 8. de fermentatione platonica,
epistola, 8. epitome institutionum medicinae. 12.
Parelipomena cum praemissa methodo discendi
medicinam. 8. Quaestionum medicarum con-
troversarum liber, 8. cui accessit tractatus de pe-
stilentia, liber Chymicorum cum Aristotelicis et
Galenicis consensu ac dissensu, 4. lib. IV. practi-
cae medicinae. 4. meditationes de bene vivendi,
beateque moriendi ratione, 12. de origine et natura animarum in brutis. Sententiae clarissimo-
rum virorum aliquot in Germaniae academiis, 8.
medicamenta officinalia. Fol. Tractatus de scor-
buto, 8. de dyssenteria, 8. de Athritide, 8.

Jeremias Setser, gebohren 1568 zu Schweib-
nitz von sehr dürftigen Eltern, studirte zu Frankfurt und Jena, wurde Docror der Rechte zu Basel, dann Syndicus zu Frankfurt, endlich Professor daselbst, Assessor des Landgerichts in der
Niederlausitz, und Rath des Freyherrn von Bi-
berstein, schrieb Tr. de juramentis; de Consiis
et consiliariis; disputatt. XXXVII ad Institutiones
Iuris; expositionem capitis IV aureae bullae de
successione in Tutela Electorali; dispp. de fami-
liaritate et amicitia; de incrementis Academiarum, de officio legatorum, und starb 1608.

                                    Daniel

Daniel Springer, gebohren 1656 zu Breslau, studirte in seiner Vaterstadt, dann zu Leipzig und Wittenberg, wurde auf der leztern Academie Magister und 1705 an Andr. Acoluthi Stelle Professor der orientalischen Sprachen am elisabethan. Gymnas. zu Breslau, starb 1708 und hinterließ folgende bis jezt noch ungedruckte MSS. Ein hebräisches Gedicht an den Kayser Leopold, unter dem Titel: דרך הישר. Zusätze zu Buxtorfs Lexikon, desgleichen zu seinem Werke von der jüdischen Schreibart; — und eine hebräische Uebersetzung des Thomas von Kempis de imitatione Christi.

Caspar Sommer, oder der curiöse Schlesier, gebohren zu Breslau 1651, starb als Prediger zu Geitschen im wolauschen Fürstenthum, und Senior des Herrnstädtschen Kreises 1730. Er war ein großer Freund der vaterländschen Geschichte, und hat beynahe alle Gegenstände, die darauf Beziehung haben, in einzelnen kleinen Schriften abgehandelt, die zum Theil noch ungedruckt sind. Z. E. Silesia Pagana, Teutonica, Polonica, Silesiaca, Ungarica, Bohemica, Austriaca, Turbata, Restaurata, extra Silesiam, lotjuens, liberalis in litteras, et litteratos, reformato-calviniana; catholico-romanensis, evangelico-lutherana, togata, sagata, laboriosa, sub vidis laborens, aquosa, montana, populosa, afflicta; Antiquitates marcomannico-quadicae, sind gleichfalls noch nicht öffentlich erschienen; ingleichen versiones und Anmerkungen über Friedlieb Adj-

tensterns schlesische Fürsten-Crone, auf Begehren
an einen guten Freund. Weissenfels 1687. 8.
Schlesiens Kirchen- und Policey-Stand verän-
derndes 17 Jahrhundert, wovon Ludwig eine lateinische Uebersetzung unter dem Titel: mutationes
Sec. XVII. in re silesiorum ecclesiastica et publica
et civili, auctore orthodoxato bekannt machte;
de exstinctis Familiis ducum Silesiae, deutsch
und lateinisch; der seinen Glanz von der Sonne
empfangende Mond, das ist, die an niedrigen
Standes Frauenzimmer sich verheurathende Fürsten. Eine kurze Nachricht von seinem Leben findet man in seiner dissertat. de onophagia silesiorum. Halae. 1714. 4.

Friedrich Willh. von Sommersberg,
Rathmann zu Breslau in der ersten Hälfte des
gegenwärtigen Jahrhunderts. Seine Werke,
durch die er sich sehr große Verdienste um das
Vaterland und seine Geschichte erworben hat,
sind folgende: Vol. III. rerum silesiacarum scriptores aliquot adhuc inediti. Der erste Theil erschien zu Leipzig 1729, und begreift diejenigen
Schriftsteller, welche den Zeitraum von Ursprung
des Volks an, bis auf Carl den sechsten abgehandelt haben, nebst einem Versuch von einer diplo-
matischen Geschichte von Schlesien, denen Stamm-
bäumen der schlesischen Fürsten, und einem böh-
misch-schlesischen Diplomatario; der 2te Theil,
Leipzig 1730. Fol. handelt von denen Historikern
der Periode von Ursprung des Volks an bis auf
Rudolphs des zweyten Tod, nebst genealogischen
Taffeln

Taffeln der Lotharinger, Lichtensteiner, Lobkow̃i-
ger und Auersberger Geschlechte, der 3te Theil
Leipzig, 1732. Fol. enthält historische und genealogische Beyträge; Nic. Henels Leben der breslau-
schen Bischöffe, die Fortsetzung des böhmisch-schle-
sischen Diplomatarii und genealogische Tabellen der
bekanntesten schlesischen Familien. Zu diesem
Werk hat sein Tochtermann Sachs von Levenhain
Supplemente und Verbesserungen, unter dem Titel: Zur Historie und Genealogie von Schlesien,
auch den im Jahr 1729 im Druck erschienenen
Geschichtschreibern von Schlesien, gehörige Zusätze von noch nicht bekannten Urkunden, Stammtafeln, Geschichtschreibern und andern Nachrichten 2 Stück. Breslau 1785. 8. herausgegeben. —
Regnum Vannianum seu Vanni Quadorum regis intra Silesiam regnum et res gestae. Vratisl.
1722. 4. Abriß einer vollständigen schlesischen
Historie und Verbesserung der alten fürstlichen
Stammtafeln. 2 Bände. Breslau 1730. Silesia ante Piastum, ein lateinisches episches Gedicht.
Bresl. 1720. 8. mit einem doppelten Index von
den historischen Sachen, und den poetischen Fictio-
nen. Das Glückselige Schlesien, oder die unvergleichlichen Heldenthaten des allerdurchlauchtigsten, großmächtigsten, und unüberwindlichsten
Heldens und Kaysers Carl des sechsten, in gegenwärtigem deutschen heroischen Gedicht, nach Art
der alten lateinischen Poeten vorgetragen. Leipzig
1719. 4. Nachher erschien es zu Breslau unter einem veränderten Titel: Das glückselige Haus

Oester-

Oesterreich durch die unvergleichlichen Heldenthaten des allerdurchlauchtigsten großmächtigsten und
unüberwindlichsten Helden Carl des sechsten, mit
dem frohlockenden Schlesien in gegenwärtigem heroischen Gedicht vorgetragen; tabulae genealogicae
Ducum superioris et inferioris Silesiae ab initio
Sec. XII ad praesens usque XVIII, diplomatum,
MStorum, lapidum et nummorum fide confe-
ctae; accedunt diplomata ad Silesiam pertinentia
adhuc inedita. Vratisl. 1724. 4. Nachher kamen
sie verbessert und weit vollständiger in 1 Tom.
Script. Siles. unter dem Titel heraus: dissertationes genealogicae, quae VII tabulis genealogicis,
ex monumentis fide dignis superioris et inferioris Silesiae Duces a Piasto Poloniae et Przemislao
III. Ottocaro Rege Bohemiae oriundos ab initio
Sec. XII. ad finem usque XVII. sistit. — Ein
für die schlesische Geschichte sehr schätzbares Buch,
wo Hanke in seinen exercitationibus de silesiorum
rebus aufhört, fängt Sommersberg an, und ohne
seine Tabellen ist die ganze folgende Geschichte un-
verständlich. Die Hoheit des Schafgotschen Geschlechts, aus dessen väterlichen und mütterlichen
Stammtafeln in gebundener Rede erwiesen 1721.
das schöne MS. auf Pergament befindet sich auf
der schafgotschen Bibliothek.

Christian Stieff, Rector des elisabeth. Gymnasii, Professor und Inspector der Schulen, zu
Anfange des jetzigen Jahrhunderts, auch Mitglied der Königlichen Preuß. Academie der Wissenschaften. Er hat Joh. Heinr. Cunrads leben
her-

herausgegeben, ist auch der Verfasser der Vorrede in Henel's Silesiographia renovata, 1704. 4. und hat ein sehr merkwürdiges MS. unter dem Titel: Introductio in historiam silesiacam MStorum vom Jahr 1720, worüber er Vorlesungen gehalten hatte, hinterlassen. Der erste Theil ist überschrieben: Silesia geographica et hydrographica, der 2te civilis, der 3te Sacra, und zwar wieder a) gentilis, b) christiana, c) episcopalis et monastica, d) evangelica, e) reformata, f) fanatica, der 4te Theil litteraria und der 5te naturalis.

Bartholomäus Stenus, man weiß wenig von ihm, so viel ist gewiß, er war aus Brieg gebürtig, lebte im 15 Jahrhundert, und war Creuzherr, mit Wahrscheinlichkeit kann man 1510 als das Jahr seines Todes annehmen. Henel führt ihn in seiner Silesiographia renovata, an, und bedauert sehr, daß seine Beschreibung der vorzüglichsten Städte in Schlesien verlohren gegangen sey, allein der gröste Theil ist noch davon übrig, denn der Herr von Sommersberg hat zugleich mit seinem regno Vanniano des Steni Silesiam bekannt gemacht, Breslau 1722. 4. Das MS. war ohne Titelblatt und Anzeige des Verfassers, es schien auch hin und wieder Stücke, man sieht aber deutlich, daß das ganze Werk eigentlich aus 3 Theilen bestand, in dem ersten handelt er von Schlesien überhaupt, im 2 von den gesamten Städten, und im 3 von Breslau besonders.

Johann Stübner, gebohren zu Leobschütz 1649, studirte zu Heilbrunn, Bayreuth und Tübinbingen, wurde zuerst Rector am Gymnasio zu Heilbrunn, dann zu Goldcronach und im Bayreuth(schen), und starb zuletzt 1705 als Pastor daselbst. Er ist der Verfasser einer lateinischen Einleitung zur Kirchen-Geschichte sowohl des alten als neuen Testament; einer Beschreibung des alten berühmten Klosters Heilsbrunn und der Herausgeber von Clenard's griechischer Syntaxis, schrieb auch noch officium hominis et christiani; Hominem, divinae sapientiae, potentiae, et benignitatis compendium; normam morum, etc. —

Martin Taburnus, gebohren zu Glogau 1524, wurde Professor, und dann Rector des goldbergschen Gymnasii, wo er auch eine Zeitlang Stadt-Richter war, schrieb precationes, de coena Domini, meditationes, Gedichte, regulas morum, vermehrte Trocendorfii methodum doctrinae Catecheticae et Rosarium biblicum, und starb 1579.

George Thebesius, gebohren zu Liegnitz 1613, wo sein Vater Georg Consistorialrath war, studirte zu Leipzig und Strasburg, reiste durch Lothringen, Frankreich, England und Deutschland, wurde bey seiner Zurückkunft Notarius beym liegnizschen Rath, dann Schulpräses, und zuletzt Rathmann und Syndicus, und starb 1688, schrieb Collectanea de equestribus Silesiae Familiis, ordine alphabethico usque ad an. 1600 congesta, und einen kleinen Tractat de hortis eorumque jure. Sein vorzüglichstes Werk aber sind die bekannten liegnizschen Jahrbücher, welche nach seinem Tode unter

unter folgendem Titel erschienen: Weyland Georgii
Thebesii I. U. D. Notarii, Syndici und der Schulen Präsidis zu Liegniz liegnizische Jahrbücher,
worinnen so wohl die Merkwürdigkeiten dieser
Stadt als auch die Geschichte der Piastischen Herzoge in Schlesien von ihrem Anfang bis zu Ende
des 16 Jahrhunderts mit besondern Fleiß gründ-
lich untersuchet, die Zeitrechnung genau bemerket,
die Geschlechts Register hin und wieder verbessert,
und ganz mit neuen Stammtafeln vermehret, vor-
nehmlich aber sehr viele Fehler der schlesischen und
benachbarten Geschichtschreiber entdecket werden;
welches alles aus unverwerflichen Zeugnissen, Urkunden, Siegeln, Grabschriften und alten Nachrichten bestättigt, und mit den dazu gehörigen
Kupferstichen erläutert ist, nebst einer Vorrede,
Lebenebeschreibung des Verfassers, und nützlichen
Registern herausgegeben von M. Gottfr. Balthasar Scharff. Jauer. 1733. in Folio *).

Gottfried Thilau, gebohren zu Goldberg
1646, studirte zu Brieg, Leipzig, Wittenberg,
Jena und Helmstädt, wurde zuerst Rector in sei-
ner Vaterstadt, dann Rector und Professor zu
Brieg, — endlich von Joseph zum kayserlichen
Rath und von Carl dem sechsten zum Ritter von

J 4   Thilau

*) Nachher erschienen sie unter folgendem verändertem
Titel: Schlesische Chronika, worinn die Geschichte
der piastischen Herzoge in Schlesien von Anfang bis
zu Ende des 16 Sec. enthalten, mit neuen Tafeln
vermehret, aus richtigen Urkunden bestättigt, und
mit Kupfern geziert. Frankfurt und Leipzig. 1736. Fol.

Thilau und Steinberg erhoben, starb 1724, und
M. Sam. Grosse hat in einem Program, Görlitz
1726. Fol. sein Leben beschrieben.　Er selbst gab
auſſer verschiedenen Diſſertationen 1702, zu Brieg
in Folio ein Genealogie derer von Strensky, und
nicht lange hernach derer von Stentsch heraus. —
Sinapius versichert in seinem Werk vom schleſſ-
schen Adel, daß Thilau ein theatrum genealogico-
hiſtoricum Sileſiae geschrieben habe, und Thilau
redet selbſt am Ende seiner Genealogie derer von
Strensky davon, allein bis jetzt hat man dies
Werk noch nicht entdecken können.

George Tilenus, gebohren zu Goldberg
1556. I. U. D. Rath Carls des zweyten Herzogs
von Oels und Münſterberg, ſtarb 1590. Verfaſſer einer proſapiae Ducum Monſterbergenſium,
die man in seinen Gedichten pag. 349 findet, welche der Verfaſſer bey seinen Lebzeiten zerſtreut heraus gab, und die erſt nach seinem Tode in 8 Büchern zu Leipzig 1597, 8. auf Koſten und Ver-
anſtaltung seines Freundes und Collegen Joh.
Mehlius. D. U. I. und Rath bey demselben Herzog, nebſt einer Vorrede, worinn von des Verfaſſers Leben Nachricht gegeben wird, zusammen
heraus kamen.

Eleazar Tileſius, aus der berühmten und
gelehrten Familie der Tileſier zu Hirschberg 1560
gebohren, ſtarb als Herzoglich Teichenscher Secretair 1612 zu Brieg, und schrieb: Einen Lob-
spruch des deutschen Fürsten und Adelsstandes, ꝛc.
nebſt angehengtem Auszug und Bericht von dem
Stam-

Stamling und Herkommen der Herzoge von Te-
schen und Groß-Glogau in Schlesien, was auch
vor Alters etwa denkwürdiges bey solchem fürstlichen Geschlecht und Hause vorgelaufen. ꝛc. Freyberg in Meissen 1588. 4. Der erste Theil ist in deutschen Reimen, der 2te in Prosa, beyde aber sind
in Sommersberg T. I. scriptor. p. 723 abgedruckt.
Auf der Herzoglich Oelsnischen Bibliothek wird
auch noch folgendes MS. von ihm aufbewahrt:
Genealogia und Abkunft der Herzoge in Schlesien
zur Liegnitz und Brieg, wie dieselbe aus dem uralten Stamme der Könige zu Pohlen sowohl auch
von Carolo M. und der heiligen Hedewige ent-
sprossen und herkommen bis auf diese Zeiten des
1595sten Jahres, und die anjetzo lebenden fürstlichen Personen, vollzogen von E. T. S.

Melchior Tilesius, gebohren zu Hirschberg
1565, studirte zu Leipzig, wurde 1577 Baccalaureus zu Wittenberg, und 1579 Magister zu Leipzig, schrieb dialogum de vera et falsa religione,
et disputatt. philosoph. pro P. Ramo, und starb
als Rector zu Brieg 1603.

Nathanael Tilesius von Tilenau, gebohren zu Hirschberg 1564, starb 1616 als Superintendent zu Militsch, und ist Verfasser einer Genealogiae illustris Familiae generosorum Baronum
a Korzbach, quondam Dynastarum Trachen-
bergensium, aenea tabula sculptae, cum expli-
catione historica. Vratisl. 1602. Sie ist eine litterairische Seltenheit, man findet sie aber in Abruck
in Sommersberg T. I. Scriptor. p. 368.

J 5   Joh.

Joh. Peter Titius, gebohren zu Liegniß 1619, studirte zu Danzig und Rostok, und wurde Con. Rector und Professor der Beredsamkeit und Poesie zu Danzig, gab einen Unterricht zur deutschen Poesie, ein critische Recension der Geschichte Thuans, verschiedene Programme, deutsche und lateinische Gedichte, Reden, u. s. w. heraus, und starb 1689.

Caspar Tralles, gebohren zu Freyberg 1580, wurde 1604 Prediger zu Giehren, und 1619 Pastor primarius zu Zittau, schrieb trifolium Wittebergense, und Vale silesiacum, und starb 1624 im Warmbade.

M. Joh. Tralles, gebohren zu Hirschberg 1576, wurde Prediger in seiner Vaterstadt, und dann in Strehlen, wo er 1639 starb. Sein Mausolaeum Schafgotschianum oder Ehren- und Gedächtniß-Kirchlein des uralten hochlöblichen Schafgotschen Hauses Herren- und Ritter-Standes, Leipzig 1621. 4. enthält eine Stemmatographie der Schafgotsche nebst einem Anhange von Dokumenten, und 6 Leichenreden, die der Verfasser auf verstorbene Personen dieser Familie hielt. Theodor Krause gab 1715 zu Striegau miscellanea gentis Schafgotschianae heraus, welche meist ein Auszug aus diesem Werke des Tralles sind.

Hieronymus Treutler, gebohren zu Schweidnitz 1565, wurde 1590 D. U. I. und Professor der Rechte zu Marpurg, und starb als kayserlicher Rath, Herr von Treutler, königlicher Fiscal in der

der Lausiz und Syndicus zu Bauzen 1607. Schriften: Selectae disputationes ad jus civile justinianaeum pandectis comprehensum; rudimenta dialecticae ramaeae; Systema rhetoricum; Causidicorum lucerna; consilia juridica; Thesaurus eloquentiae.

Andreas Tscherning, wurde zu Bunzlau 1611 gebohren. Seine Eltern waren sehr dürftige Leute, und wurden noch dazu wegen der Religion gedruckt. Opiz empfahl ihn dem Professor Lauenburg zu Rostok, der damals lateinische und plattdeutsche Gedichte machte. Nachher war er Hofmeister bey verschiedenen schlesischen Familien, und starb endlich als Lauenburgs Nachfolger zu Rostok 1659. Er war ein unverkennbarer Nachahmer von Vater Opiz, hinterließ einen Frühling und Sommer, eine poetische Schatzkammer, einen Vortrab des Sommers Teutscher Gedichte, und ein prosaisches Werk unter dem Titel: Unvorgreifliches Bedenken über etzliche Misbräuche in der Teutschen Schreib= und Sprach=Kunst, insonderheit der edlen Poeterey. Lübek 1658, das schon zu seiner Zeit nicht großes Aufsehen machte.

Johann Theodor von Tschesch, ein ähnlicher schwärmerischer Kopf wie Quirinus Kuhlmann, war zuerst Rath des Churfürst Friedrich des fünften von der Pfalz, und nachher des Herzogs Johann Christian von Brieg, ein eifriger Anhänger Jacob Böhms, und Frankenbergs und Fuhrmanns Freund; Nach seines Herzogs Tode fiel

fiel es ihm ein, eine Wallfahrt nach dem heiligen Grabe zu thun; er nahm daher seine ganze
Baarschaft zusammen, und kam bis Ragusa; zum
Unglück verweilte er sich zu lange in der Stadt,
das Schiff, worauf er seine Sachen gebracht hatte,
stieß unterdessen aus dem Hafen ab, und er verlor
dadurch sein ganzes Vermögen, gerieth in sehr
traurige Umstände, und sah sich genöthigt, wieder nach Schlesien zu gehen. Allein hier erwartete ihn kein besseres Loos, — man wollte seine
Schwärmereyen nicht dulden, — er wurde verwiesen, irrte in Holland, Hamburg und Preußen
herum, gab hie und da Unterricht in Sprachen,
und starb endlich in dem drükendsten Elende zu
Elbing 1651. Als Schriftsteller hat er sich durch
eine Apologie Jacob Böhms, und durch einige
andre kleine theologische Schriften bekannt gemacht,
die aber alle das Gepräge einer verbrannten Phan-
tasie an sich tragen.

Daniel Vechner, gebohren zu Goldberg 1572,
starb als kayserlicher gekrönter Poet, und Rathmann in seiner Vaterstadt 1631 und hinterließ folgende Werke: Hellenolexiam seu Parallelismum
Graeco-Latinum; illustres ac perpetuos Gram-
maticorum Canones ac observationes linguae tam
romanae quam graecae; Δεῖγμα Syntaxeos for-
mandae pro tyronibus latinae linguae; orationes
Ciceronis pro Archia et Marcello simplicitate logica illustratas; cum artificio elocutionis orato-
riae; amplificationes rhetoricas; carmina; de
adstruendo Ianuae Comenianae latinitatis templo,

exem-

exempla, cum proplasmate, liminis, atrii, ostii, etc.

David Vechner, gebohren 1594 zu Freystadt, wo sein Vater George, Prediger war. Er studirte zu Frankfurt, Wittenberg, Heidelberg, Leiden und Oxford, wurde nach seiner Zurückkunst Professor der Logik am Gymnasio zu Beuthen, mußte aber ins Exilium wandern, – erhielt nachher das Rectorat zu Sprottau, und starb zuletzt als erster Prediger zu Görlitz 1669. Seine Schriften sind ein Breviarium Germaniae und Spiridion, seu sportella textuum evangelicorum Dominicorum.

George Vechner, wurde zu Freystadt 1589 gebohren, nachmaliger Professor des Gymnasii zu Beuthen, und zulezt Doctor der Theologie, Rector zu Brieg und Superintendent, schrieb Palum Pauli ex 2 Cor. XII. 7.; regiam animi professionem a Davide factam, ex Psalmo CI. Discursus de Nobilitate; de Theologia in genere et de peculiari in Pietatis Professione instituto; singulare Gymnasii Schoenaichiani charisma, gab auch mit Jonas Scultetus eine Charte vom Fürstenthum Breslau heraus, die dem liegnizischen Rath Wilh. Musler dedicirt ist, und welche von Heinr. Hond, Janson und seinen Erben, Blauw, Schenk und Valk nachgestochen worden ist, und starb 1647.

Christ. Gottl. Unger, gebohren zu Kolzig, im glogauschen Fürstenthum 1671, studirte zu Leipzig, wurde Prediger zu Groß-Rumersdorf, und dann

dann zu Herrenlauerschütz. Er hatte sich durch
anhaltenden Privatfleiß eine bewundernswürdige
Fertigkeit in den orientalischen und meisten lebenden
Sprachen erworben, verwandte viel Kosten auf
alte rabbinische MSS. und hatte Gelegenheit, von
einem gelehrten Türken sogar türkisch zu lernen.
Mit den gelehrtesten Männern in und außerhalb
Deutschland stand er in engem Briefwechsel, und
hinterließ eine Menge Briefe von ihnen in allerley
Sprachen, gab auch einen indicem typographiae
Dyrenfurtensis, und einige Predigten heraus.
Seine vorzüglichsten Werke aber, z. E. memorabilia de viris eruditis; memorabilia de viris illu-
stribus ex historia civili; -- collectanea ad biblio-
thecam rabbinicam; Zusätze zu Wagenseils feuri-
gen Pfeilen des Satans; eine hebräische Uebersetzung des neuen Testaments; und Widerlegung einer portugiesischen Schrift, wider die christliche Religion, -- desgleichen Genealogien der vornehmsten
Gelehrten des 17 Jahrhunderts und historia ple-
nior Manutiorum, sind nur als MSS. bekannt.

Israel Volkmann, Doctor Philos. et Me-
dic. Practicus und Botanicus zu Liegnitz, war
gebohren zu Nikolstadt 1636, studirte zu Breslau,
Leipzig und Pabua und starb 1706. Sein Sohn
George Anton, gleichfalls der Medicin Doctor und
Practicus zu Liegnitz, machte in 10 Folianten seines Vaters prächtige schlesische Kräutersammlung
bekannt, zu denen sich aber wegen den vielen Kupfern kein Verleger finden wollte, schrieb selbst
eine Naturgeschichte der Vögel und Conchylien,

und wollte eben eine sehr niedliche Sammlung der schlesischen Stadtwappen, die er selbst gezeichnet hatte, herausgeben. Allein, der Tod übereilte ihn 1721, in einem Alter von 58 Jahren.

Michael Vratislaviensis, von seiner Vaterstadt so genennt, wo er in der 2ten Hälfte des 15ten Jahrhunderts gebohren wurde. Er starb 1533. als Professor zu Cracau, wo er über Sprachen, Logik, Physik, Astronomie, und Theologie Vorlesungen hielt, und folgende Werke schrieb: introductorium astronomicum de signorum naturis et stellarum proprietatibus; Commentarium in ecclesiae romanae cantilenas; institutionem Logices; naturalis scientiae dubia; Explanationes in Petri Lombardi libros sententiarum.

Benjamin Ursinus, hieß eigentlich Behr, und war aus Sprottau gebürtig, 1587. Er hielt sich einige Zeit bey Kepplern auf, half ihm die rudolphinischen Tabellen ausarbeiten, wurde lehrer am Rosenbergschen Gymnasio zu Linz, und 1630 Professor der Mathematik zu Frankfurt an der Oder. Hier gab er 3 Bücher über die Trigonometrie; Magnum canonem triangulorum logarithmicum; Tr. de Originibus Rosenbergiacis; Appendicem Psalmorum et Cantionum Germanicarum heraus, und starb 1633.

Zacharias Ursinus oder Beer, gebohren zu Breslau 1534, studirte seit 1552, 5 Jahr zu Wittenberg Sprachen, Poesie, Philosophie und Theologie, und hatte das Glück, von Melanchthen

F 3   bemerkt

bemerkt und hervorgezogen zu werden, 1557 begleitete er ihn aufs Colloquium nach Worms, -- that
von da eine Reise nach der Schweiß, besuchte Cal-
vin zu Geneve, -- gieng von da nach Frankreich
und wieder zurück nach Zürch, von wo er nach ei-
nigem Aufenthalte durch Franken und Schwaben
wieder nach Wittenberg zurückkehrte. 1558 berief
ihn der breslausche Stadtrath zum Vorsteher des
elisabeth. Gymnasii -- wo er Melanchthons Buch
de examine ordinandorum ad ministerium einführte, und den Artikel vom Abendmal nach Melanchthons Sinn erklärte, -- dieser Umstand erregte
viel Aufmerksamkeit, und Widerspruch; um allen
Streit beyzulegen, schrieb er eine kleine Abhandlung, und erklärte seine Meynung so deutlich als
möglich; allein der erwartete Friede, erfolgte nicht, --
der Streit wurde noch lebhafter, so, daß Ursinus
1560 sein Amt ganz niederlegte. Er gieng zuerst
wieder nach Wittenberg und von da nach Zürch,
1561 erhielt er den Ruf als Professor der Theologie nach Heidelberg, wo er das folgende Jahr Doctor der Theologie wurde. 1563 schrieb er auf
churfürstl. Befehl den pfälzischen Catechismus, und
mußte sich auf Befehl des Churfürst Friedrich III
gegen Flacius vertheidigen, der ihn wegen seinem
Catechism angegriffen hatte. 1564 besuchte er das
Colloquium zu Maulbrunn, und mußte die hohen
Schulen zu Amberg, Heidelberg und Neuhaus
einrichten helfen. -- 1571 wurde er nach Lausanne
als Professor der Theologie berufen; allein sein
Churfürst liebte ihn zu sehr, als daß er sich hätte
von

von ihm trennen können, und nöthigte ihn in Heidelberg zu bleiben. Nach dessen Tode 1577 begab er sich zu seinem Sohn Joh. Casimir, der zu Neuhaus eine Akademie gestiftet hatte, wurde daselbst Professor und starb 1581, da er eben an einer Schrift gegen die Jesuiten arbeitete; seine Admonitio Neustadiana erschien 1581, und sein commentarius de mortalitate et de consolationibus christianis, 2 Jahr nachher. Die Exegesis verae doctrinae de sacramentis, gab er während seines Aufenthalts zu Breslau heraus.

Pancratius Vulturinus, vermutlich hieß er Geyer, war aus Hirschberg gebürtig, Augustiner Eremit und Lector zu Neisse; der Wissenschaften halber hielt er sich eine Zeitlang zu Padua auf, und schrieb daselbst 1506 Silesiacum panegyricum, ein Gedicht in Hexametern. Allein man kennt keine Edition von Padua, erst 1521 erschien es auf Veranstaltung eines gewissen Michael Schwarzpek, der in demselben Orden zu Neiße lebte, an einem unbekannten Orte mit alten Lettern in 4. unter folgendem Titel: Sletia, Bresla etc. totius Silesiae primo in generali, deinde urbis Vratislaviensis, Suidnicensis, Stregoniensis, caeterarumque urbium et oppidorum in circuitu adjacentium, pulcherrima et singularis descriptio. Man hält gemeiniglich diese Edition für die 2te, in der Meinung, daß schon 1506 zu Padua eine herausgekommen wäre, allein, daß dies wirklich die erste sey, erhellet

let aus der Vorrede, wo Schwarzpek verfichert,
daß er erft auf vieles anhaltendes Bitten von Vul-
turino die Erlaubniß erhalten habe, fein Werk
öffentlich bekannt zu machen. Auch diefe Ausgabe
ift außerordentlich felten geworden, die elifabeth.
oder eigentlich die rhedigerifche Bibliothek befizt ein
Exemplar. -- Abgedruckt aber ift es in Füldeners
Bibl. Sil. p. 362. Cafpar Lindner hat ein Fragment deffelben, welches von Hirfchberg handelt,
in deutfchen Reimen herausgegeben : Pancrat.
Geyers von Hirfchberg des erften und älteften Ge-
fchichtfchreibers lateinifche Gedichte 1506 vom Lobe
der Stadt Hirfchberg. ibid. 1640. fol. Wenn Lindner behaupten will, daß Geyer der ältefte Gefchicht-
fchreiber Schlefiens fey, fo irrt er fich, die Legende
der heiligen Hedewige ift 200 Jahr älter.

Gottfried Wegner, gebohren zu Oels 1644,
ftudirte zu Breslau, Berlin, Thoren, Königsberg und Leipzig, wurde zuerft Archidiaconus und
Rector zu Neuftadt-Eberswalde in der Mark,
dann Diaconus zu Frankfurt, hierauf Profeffor
der Theologie und zweyter Hofprediger zu Königsberg, endlich 1709 Paftor Primarius, Oberhofprediger und Affeffor des Samländifchen Confiftorii, ftarb aber noch in demfelben Jahre. Seine
Schriften: Vol. V. difputationum; Calendarium
romanum vetus; horologium hebraeum; fpeci-
mina analyfis hebraeae; Predigten; obfervatt. ad
verfionem bibliorum germanicam Lutheri; Pia
defi-

desideria, D. Balthas. Meisneri, cum praefatione
edita; epitome Bibliorum; theologia apodictica;
praecognita theologiae; göttliche Verordnung wegen der Bettler; commentarius in Matthaeum,
der aber nicht geendigt ist. Christlicher Wegweiser; scholae poeticae; theoria controversiarum
neotericarum; biblia Lutheri germanica cum usi-
bus; Isagoge ad theologiam posit. B. Königii.

Georg Weinrich, gebohren zu Hirschberg
1554; studirte in seiner Vaterstadt unter den beiden
Rectoren, Thom. Coletus und Christoph Schilling, besuchte 1572 das Mar. Magdal. Gymnasium zu Breslau, wo Martin Helwig eben Rector
war, — wurde Erzieher der Söhne eines gewissen Kaufmanns George Fürst, auf Kupferberg,
gieng mit denselben 1575 nach Zadik in Böhmen,
studirte daselbst 3 Jahr Philosophie, Mathematik und die böhmische Sprache, und 1579 kam er
nach Leipzig, studirte unter Gitter die Philosophie,
unter Dresser Rhetorik, unter Steinmez Geome-
trie, unter Hilden Physik, und unter Albinus Poesie, genoß auch noch des Privatumgangs mit dem
Philosophen Harbart. 1580 wurde er Baccalaureus, gieng in demselben Jahr wegen der Pest einige Wochen nach Prag, und besuchte das dasige
Carls-Collegium, wo über die aristotelische Philosophie gelesen wurde. 1583 wurde er zu Leipzig
Magister, 1584 Lehrer an der Fürstenschule zu
Grimma, aber kaum war er einen Monat daselbst,

als

als er als Prediger nach Salze in Thüringen berufen wurde, 1586 gieng er wieder nach Leipzig als
Diaconus bey der St. Thomäkirche, 1591 wurde
er bey derselben Pastor, 1594 Superintendent, und
Beysitzer des Consistorii, 1599 Doctor der Theologie, 1600 Rector der Akademie, 1605 Pro-Kanz-
ler, 1614 Decemvir und Senior der polnischen
Nation, und starb 1617. Anzeige seiner Schriften: Commentarii in epistolas Paulinas; Predigten; speculum humanae mortalitatis in 6 Predigten gezeigt. Geistlicher Bisenknopf in Ster-
bensldüften zu gebrauchen; Erklärung der Evan-
gelien und Episteln durchs ganze Jahr. Erklärung
des kleinen Kinder-Catechism; Partes II. marty-
rologii Sanctorum in 48 Leichenpredigten. Exodus Gnomologica graecolatina; Thronus Christi;
Das Gesicht Ezechiels, in 7 Predigten erklärt,
darinn von der Auferstehung der Todten gehandelt
wird; von viererley Spectris oder Schrekbildern,
wie man dieselbigen, so die sterbenden Menschen
anfechten, durch Gottes Wort überwinden soll.
Funebria oder christl. Leichenpredigten in 5 Theilen.
Christlicher Bericht von der Unsterblichkeit der
Seele, die Historia von der Verklärung Christi
auf dem Berge Thabor in 10 Leichenpredigten;
Abend und Morgen Seegens-Predigten; bethanisch
Wunderwerk oder Historia vor dem seeligen Ab-
sterben und fröhlichen Auferstehen des Landjunkern
Lazari in 28 Predigten. Historia von dem erwek-
ten Sohn der Wittlb von Sarepta in 3 Leichen-
pre-

prebigten. Das ſchöne und geiſtreiche Geſicht in der Offenbarung Johannis im 7 Capitel ꝛc.

Johann Weiſſe, gebohren 1636 zu Leob-ſchütz, wurde von ſeinem Onkel George Franzki, Canzler in Gotha erzogen, ſtudirte zu Jena, wurde 1665 Advokat in Weimar, 1668 Kammer-Pro-kurator, 1681 Ober-Amts- und Conſiſtorial-Rath in Lübben, ſchrieb medullam juſtinianeam und longobardicam, hinterließ medullam juris civilis im MS. und ſtarb 1719.

Andr. Wenzel, gebohren zu Haynau 1549, wurde Profeſſor der Geſchichte und Poeſie, zuletzt Doctor und Profeſſor und Prediger zu Frankfurt an der Oder, und ſtarb 1613. Er hinterließ eine Abhandlung von der heilwärtigen Menſchwerdung Chriſti, — einen Bußſpiegel und Genealogiam ducum Sileſiae a 600 annis. Roſtochii. 1575, die aber verlohren gegangen iſt, — und die blos aus Dawerdek's ſileſia numismatica p. 17 bekannt iſt.

Hieronymus Wildenberg, gebohren zu Goldberg 1465, ſtudirte Philoſophie und Medi-cin, und brachte den gröſten Theil ſeines Lebens außer ſeinem Vaterlande zu. 1503 kam er aus Preußen nach Goldberg, errichtete daſelbſt eine Schule, — lehrte auch 8 Jahr an derſelben, — gieng aber alsdenn wieder nach Preußen, und ſtarb zu Thoren 1558. Epitomen Philoſophiæ naturalis et moralis; Scholia in Ariſtotelis libros

VIII Phyſicorum, item in libros, de Coelo, de
meteoris, et de anima.

Paul Winkler, gebohren zu Glogau 1630,
ſtarb 1679 als ICtus zu Breslau, und herzoglich
Oelsniſcher Deputirter bey den Landtagen. Verfaſſer einer kleinen Schrift: der Edelmann in 8.
einer launigten Satire, in welcher unter erdichte-
ten Namen die Narrheiten und Thorheiten des damaligen ſchleſiſchen, und beſonders breslauiſchen
Adels, fein und beiſſend durchgezogen werden.

Michael Wirth, gebohren zu Löwenberg
1547, wo ſein Vater eine öffentliche Bedienung
bekleidete, — zuerſt beſuchte er die daſige Stadt-
ſchule, dann das Gymnaſium zu Goldberg unter
dem damaligen Rector M. Taburnus, ſodenn
Frankfurt an der Oder, 1567 Leipzig, wurde das
folgende Jahr daſelbſt Baccalaureus, 1569 Magiſter, 1571 Dekan, 1574 Rector, 1575 Profeſſor
jur. 1577 Doctor der Rechte, 1578 churfürſtlich
ſächſiſcher Rath zu Dresden, 1579 Advocat des
ſächſiſchen Hof-Gerichts zu Leipzig. 1580 Profeſſor Codicis. 1581 ſächſiſch Coburgiſcher Canzler, welches Amt er mit vieler Zufriedenheit der
Herzoge Johann Caſimir und Joh. Ernſt 11 Jahr
verwaltete, die ihn zu verſchiedenen geheimen und
wichtigen Geſandſchaften an den Kayſer und die
deutſchen Fürſten brauchten, 1592 gieng er wieder als Profeſſor der Rechte nach Leipzig, hatte
nicht lange nachher die Direction der allgemeinen

Kir-

Kirchen- und Schulen-Visitation, wurde Präses des Consistorii, und Canonicus zu Merseburg, und starb 1611 ohne Nachkommen, ob er gleich in einer doppelten Ehe gelebt hatte. Aus seinem Vermögen, machte er ein Legat, wovon 12 arme studirende den Freitisch erhalten.

Adam Wittich, gebohren zu Breslau 1570, starb daselbst als Candidat der Rechte 1600. Hätte ihn der Tod nicht so früh dem Vaterlande entrissen, so würden wir ihm das vollständigste Werk über den schlesischen Adel zu verdanken haben; so aber erschien blos die Ankündigung desselben unter folgendem wortreichen Titel: schlesischer Ritter- und Adels-Spiegel, darinnen neben ordentlicher wahrhaftiger, eigentlicher und kurzer Beschreibung des Landes Schlesien Ankunft und Namen, auch dessen hochlöbliche Könige, Fürsten und Herren Genealogien, Herkommen, Leben und Lob- würdigen Thaten, samt aller Fürstenthümer und Herrschaften Helm und Schild, sowohl auch aller Stamme und jeden Geschlechts derer von Adel, so in Ober- und Nieder-Schlesien jetzo vorhanden, Ehren-Kleinod und Wappen mit ihren eigenen ausgetheilten Farben ganz schön und lustig zu se- hen, zu Lob dem gemeinen Vaterlande, zu son- dern Ehren der schlesischen Ritterschaft, und zu beßrer Nachrichtung der nachkommenden Posteri- tät. Jetzo mit großem Fleiß und Arbeit an den Tag gegeben durch Adam Wittich Vratisl. mit beson-

befonderer Röm. kayſerl. Majeſtät Begnadung,
nicht nachzudrucken. Gedruckt bey Breslau durch
George Baumann im Jahr 1600. Der Verfaſſer ſtarb noch in demſelben Jahr, und von dem
MS. hat man ebenfals keine weitere Nachricht
erhalten.

Chriſtoph Wittich, gebohren 1625 zu Brieg,
ſtudirte zu Bremen, Gröningen und Leiden Philoſophie und Theologie, wurde 1651 Profeſſor der
Mathematik zu Herborn. 1653 Prediger und Profeſſor zu Duisburg, auch Doctor der Theologie
daſelbſt. 1655 Profeſſor der Theologie zu Nim-
wegen und 1671 zu Leiden. Sein Fleiß, ſeine
Gelehrſamkeit und ſein practiſcher Wandel erwar-
ben ihm allgemeine Achtung. Weil er aber ein
treuer Schüler Carteſii und Cocceji war, ſo erwachte zuweilen die Intoleranz ſeiner Collegen gegen ihn. Er ſchrieb exercitationes theologicas;
conſenſum veritatis in ſcriptura divina et infalli-
bili revelatae cum veritate philoſophica; Annotationes in Renarti Carteſii Meditationes; Anti-
Spinoſam, ſeu Examen Ethices Benedicti de
Spinoſa et Commentarius de Deo ejusque attri-
butis; Inveſtigationem Epiſtolae ad Romanos, —
Epiſtolae ad Hebraeos; cauſam Spiritus Sancti
contra Sandium; theologiam pacificam, etc.

Chriſtian Freyh. von Wolf, wurde zu
Breslau 1679 von bürgerlichen Eltern gebohren.
Viel Ehre macht es dem großen und merkwürdi-
gen

gen Manne, sich zu einer so hohen Stufe der Ehre und des Standes, nicht durch Geld, oder Zufall, oder Geburt, sondern nur allein durch Verdienst, durch wahren Adel der Seele hinaufgeschwungen, und sich durch das Heer von Neidern und Feinden, die an seinem Ruhm nagten, an der Hand der Wahrheit glücklich durchgeschlagen zu haben. — Schon in der frühsten Jugend bemerkte man an ihm Funken des wahren Genies. Als Knabe las er auf dem Mar. Magdal. Gymnas. den Euklid mit so vielem Scharfsinn, daß er sich über seine Weitläuftigkeit beklagte, und nicht begreifen konnte, wie dergleichen Lehrsätze erst bewiesen werden dürften, die von selbst schon so plan und deutlich wären. Ueberhaupt beschäftigte er sich weit mehr mit der Lectüre alter Philosophen, als neuerer Gelehrten. Cartesius war sein Liebling vor allen, und weil er sich aus dessen Schriften von dem großen Nutzen überzeugte, den die Mathematik in Absicht des Denkens mit sich führt, so wurde diese sein ernstliches Studium. Zu dem Ende gieng er 1699 nach Jena, hörte daselbst vorzüglich Georg Albert Hambergers Vorlesungen über die Mathematik, und faßte seinen Vortrag so gut, daß er nach den Collegien im Stande war, die Lehrbücher wieder andern zu erklären. In der Logik richtete er sich ganz nach Tschirnhausens medicina mentis, machte aber vor sich so viel Zusätze und Verbesserungen, daß, als er 1702 Gelegenheit hatte, diesen großen Mathematiker selbst zu sprechen, und seine An-

B. v. Schl. L mer-

merkungen mitzutheilen, er seine Bewunderung
und seinen Beyfall nicht verbergen konnte. a. 1703
gieng er nach Leipzig, in der Absicht selbst über die
Mathematik zu lesen. Seine Vorlesungen eröfnete er mit einer Disputation de philosophia practica universali methodo mathematica conscripta,
welche sehr viel Aufsehen machte, weil noch niemand die Philosophie in dieser Rücksicht betrachtet, und ihr genaues Verhältniß mit der Mathematik so deutlich bewiesen hatte. Otto Menke verschafte ihm Leibnizens Bekanntschaft, indem er
ihm die eben gedachte Abhandlung, nebst noch einer andern de loquela überschikte. Leibniz ermunterte Wolfen seinen Grundsaß von der harmonia
praestabilita öffentlich bekannt zu machen und ja
nichts ohne den zureichenden Grund anzunehmen,
vermuthlich in der Absicht zu sehen, ob Wolf eines demonstrativen Vortrags dieses Systems fähig wäre.. Dies gab Wolfen Veranlassung, das
System des Des Cartes mit dem Leibnizischen zu
vergleichen, und führte ihn nach und nach unvermerkt auf ein eignes System. Nicht lange nachher wurde er Beysitzer der philosophischen Facultät in Leipzig, und gieng 1706 nach Halle, wohin
er als öffentlicher Lehrer der Mathematik und Philosophie berufen worden war. Seit 1705 war er
ein fleißiger Mitarbeiter an den Actis Eruditorum. 1709 erschien seine kleinere deutsche Logik,
welcher bald die größere folgte. Zu eben der Zeit
gab er auch seine Elementa aerometriae heraus,

woburch

wodurch eine ganze neue Wissenschaft ihr Daseyn
erhielt. Bey einem abgelehnten Ruf nach Wittenberg ernennte ihn der König von Preußen zu
seinem Hofrath und Mitgliede der Preußischen
Akademie der Wissenschaften, — auch die groß-
brittanische Societät nahm ihn auf. 1719 machte
er seine Metaphysik bekannt unter dem Titel: Ver-
nünftige Gedanken von Gott, der Welt und der
Seele des Menschen, auch allen Dingen überhaupt; im folgenden Jahr erschien seine Moral,
welche so viele heftige Streitigkeiten erregte. Denn
als Wolf bey Niederlegung seines academischen
Pro-Rectorats in einer Rede die practische Weis-
heit der Chinesen erhob, und sich einer großen Ue-
bereinstimmung seines Lehrgebäudes mit dem ihri-
gen rühmte, wurden einige seiner Collegen, und
besonders die Theologen so gegen ihn aufgebracht,
daß sie die wolfische Philosophie, insonderheit seine
Erklärungen über die Freyheit der menschlichen
Seele aufs heftigste zu verschreyen anfiengen. Daniel Stähler, ein ehemaliger Schüler Wolfs, gab
mit einer Schrift, worinn er die Wolfische Metaphysik prüfte, gleichsam das Zeichen zum Kriege,
in welchem Wolf nach vielen erlittenen Drangsalen endlich einen vollkommenen Sieg über seine
Feinde erhielt, indem er nach der Thronbesteigung
Friedrichs des Einzigen gleichsam im Triumph
nach Halle zurückgebracht wurde. Diese gegen
den Philosophen erregten Streitigkeiten, wobey
Joachim Lang der Anführer war, sind die wich-

tige

tigsten Zusätze zu der Philosophischen Geschichte
des jetzigen Jahrhunderts. Der große Beyfall den
Wolf erhielt, die Menge seiner Zuhörer, der ausgebreitete Ruf den er sich erwarb, und der hohe
Flug seines philosophischen Genies musten kleinen
gallsüchtigen Seelen auffallen. Neid und Cabale,
und Kopfhängerey brachten es endlich so weit,
daß zur Schande des 18 Jahrhunderts Wolf binnen 48 Stunden bey Strafe des Stranges 1723
Halle verlassen muste. — Der verkannte, ver-
schmähte und verbannte Weise floh nach Cassel,
wo er von dem Landgrafen ein Viertel Jahr zuvor
einen Ruf erhalten hatte, der noch nicht ausge-
macht war, wurde mit Vergnügen aufgenommen,
und zum Professor der Philosophie auf der Universität Marpurg und Heßischen Hofrath, nebst
einem ansehnlichen Gehalt, und freyer Wohnung
ernannt. Halle verlohr durch ihn unendlich an
seinem Rufe, viele Studenten folgten ihm nach,
und alles zog sich nach Marpurg; der Streit
dauerte unterdeß noch immer lebhaft fort, und
wurde besonders von der andern Seite mit der
giftigsten Erbitterung geführt. Wolf erhielt einen
Antrag nach dem andern. Der Hof zu Dresden
trug ihm eine Lehrstelle zu Leipzig mit außerordent-
licher Besoldung an; die königlich französische Akademie ernannte ihn anstatt des Grafen von Pem-
brok zum auswärtigen Mitgliede; der König von
Schweden erhob ihn zu seinem Regierungs-Rath,
und selbst der Preußische Hof sieng an bessere Vor-
urthel-

urtheile von ihm zu hegen; er wurde 1733 wieder
nach Halle zurückberufen, welches er sich aber ver-
bath; lang der immer noch nicht ruhen konnte,
erhob 1736 neue Beschwerden gegen die wolfische
Philosophie, die er auch auf königlichen Befehl
schriftlich überreichen muste, der König schickte diesen Aufsatz dem Philosophen zu, welcher sich da-
gegen vertheidigte, endlich wurde eine Commission
niedergesetzt, die Wolfen völlig frey sprach; und
nun hatte der Krieg ein Ende, wenigstens wurde
er nicht mehr öffentlich geführt, obgleich die Nat-
terbrut noch immer im Stillen zischte. Endlich
als Friedrich der Einzige den Thron bestieg, der
in seiner philosophischen Einsamkeit zu Rheinsberg
mit dem damaligen sächsischen Gesandten von
Suhm die Wolfische Philosophie studirt hatte, ein
großer Freund und Verehrer von Wolfen war,
und voll gerechtem Unwillen auf alle die Ränke
und Cabalen herabblickte, wodurch der Weise ge-
kränkt und gehöhnt wurde, so berief er ihn in einem eigenhändigen sehr herablassenden Schreiben, — und durch Vermittelung seines Freundes des Probst Reimbek wieder nach Halle zurück.
Er erhielt die Profession des Natur- und Völker-
rechts und der mathematischen Wissenschaften, nebst
dem Character eines geheimen Raths und Canz-
lers der Universität, unter einem starken Gehalt,
und der Freyheit, zu lesen was er wolle. Seine
Elementa Matheseos universae, Hallae. 1703 —
40. V. Theile in 4. nebst den Anfangsgründen al-

ler mathematiſchen Wiſſenſchaften 4 Theile in 8.
nebſt ſeinem philoſophiſchen Syſtem haben ſeinen
Namen auf mehr als ein Jahrhundert gegründet.
Er ſtarb 1754. Carl Günther Ludovici hat ſein Leben, Leipzig 1757, und Gottſched, Halle 1755
herausgegeben.

Wenzel von Zedlitz, wurde 1551 zu Neu-
kirch gebohren, beſuchte die Schulen zu Friedeberg,
Lauban, Schweidnitz und Goldberg, wo Martin
Taburnus Rector war, — ſtudirte 5 Jahr zu
Wittenberg und einige Zeit zu Frankfurt, machte
2 Feldzüge in Ungarn und den Niederlanden mit,
und wurde bey ſeiner Zurückkunft vom Herzog
Friedrich dem vierten von Liegnitz und Brieg zum
Rath erhoben, und ſtarb zuletzt als Landhaupt-
mann von Liegnitz und Brieg auf ſeinem Landgut
Janowitz 1613. Er bewies ſo viel Rechtſchaffen-
heit und Treue, daß Joachim Friedrich bey
ſeinem Tode 1602 ihn zum Vormund über ſeine
noch unmündigen Prinzen ernannte, und Melchior Adam characteriſirt ihn folgendermaßen:
judicio valuit exacto longoque rerum uſu prae-
clare corroborato confirmatoque, eloquentia ex-
pedita plena dignitatis et gratiae: auctoritate
tanta ut ab omnibus obſervaretur, nec ſolum
paribus, verum etiam ſuperioribus charus eſſet
acceptusque; cognitione denique artium linguae-
que latinae ejusmodi ut eam et intilligere et uſur-
pare ad alios apte, leges etiam adducere, et pro re
nata caſibus applicare ingenioſe noſſet.

Nach-

Nachtrag.

Erdmann Heinrich Graf Henkel Freyh. von Donnersmark, — gebohren zu Oderberg den 21 September 1681, starb den 1 September 1752. Ob er gleich nie ein öffentliches Amt bekleidet hat, so war er doch beständig zum Besten sehr vieler Menschen wirksam, und verdient als ein Muster eines von seiner Jugend an redlichen und eifrigen, jedoch von Schwärmerey ziemlich freyen Christen, zärtlichen Ehemanns, und Vaters, theilnehmenden Freundes, und gütigen Herrn seiner Unterthanen angesehen zu werden. 1740 stellte er die verfallenen Finanzen der verwittweten Herzogin von Wirremberg wieder her, gleichwohl geriethen in der Folge seine eignen Finanzen in solche Verwirrung, daß der heimliche Kummer darüber allmählig seine Gesundheit untergrub, die Verminderung seiner Einkünfte war freylich nicht ganz durch seine Schuld, sondern größtentheils durch Krieg und die gewöhnl. Bergleiter und Folgen desselben verursacht worden, inzwischen scheint es doch, daß er bey dem Bemühen, dies Uebel zu heben, seine sonstige Vorsichtigkeit nicht immer beobachtet, und unter andern auf die Herstellung der ausgesogenen Herrschaft Oderberg Summen verwendet habe, die mit dem zu erwartenden Ertrage nicht in dem gehörigen Verhältniß stehden. Daß seine älteste Tochter nach dem Tode ihres Liebhabers davon gieng, zur Röm. Kirche trat, und hierdurch zu den kränkendsten Verleumdungen Anlaß gab, ist vielleicht die härteste Prüfung, die der würdige Mann zu erdulden hatte; Er fühlte ihr Gewicht, ertrug sie aber wie andre schmerzhafte Begegnisse als Weiser und Christ mit nachahmungswürdiger Fassung. Als Schriftsteller hat er sich bekannt gemacht durch: Die letzten Stunden einiger im Herrn verstorbenen Personen, welche 4 Theile in 8 ausmachen, und mehrmals gedruckt sind.

Johann